品牌IP

BRAND IP

姚小飞 ◎ 著

中国纺织出版社有限公司

内 容 提 要

在新的商业时代，品牌IP化的趋势逐渐明显，IP化运营的地位越来越重要。若能掌握实现品牌IP化的成功秘诀，必能快人一步，在日益激烈的同质化市场竞争中赢得先机。虽然IP模式的出现已经近百年，但是我国对IP重视程度却是近几年才开始兴起的。本书除了介绍有关IP化的基本概念外，还穿插了许多品牌IP化的经典案例，家喻户晓，耳熟能详，特别是对品牌IP化的四维结构打造、品牌定位、品牌人格、品牌形象、品牌运营及品牌IP化后的跨界衍生等介绍内容新颖，独树一帜，让读者在阅读过程中对品牌IP化有了更新一步的认识和深入透彻的理解。

图书在版编目（CIP）数据

品牌 IP / 姚小飞著 . -- 北京：中国纺织出版社有限公司，2022.3
ISBN 978-7-5180-9331-1

Ⅰ.①品… Ⅱ.①姚… Ⅲ.①品牌营销 Ⅳ.①F713.3

中国版本图书馆CIP数据核字（2022）第021653号

策划编辑：史　岩　　责任编辑：于磊岚
责任校对：王蕙莹　　责任印制：储志伟

中国纺织出版社有限公司出版发行
地址：北京市朝阳区百子湾东里A407号楼　邮政编码：100124
销售电话：010—67004422　传真：010—87155801
http://www.c-textilep.com
中国纺织出版社天猫旗舰店
官方微博 http://weibo.com/2119887771
三河市延风印装有限公司印刷　各地新华书店经销
2022年3月第1版第1次印刷
开本：710×1000　1/16　印张：15
字数：151千字　定价：48.00元

凡购本书，如有缺页、倒页、脱页，由本社图书营销中心调换

前言
Preface

随着历史的车轮滚滚向前，清者上升，浊者下降，文化作为人类文明的载体，越来越具有令人敬畏的力量，人类命运共同体和全球一体化概念的提出，更是对文化洋洋洒洒的延展、汇合、扬弃、交融、优化和渗透做了进一步的总结和剖析。文化的渗透力可以通过一首歌就能让有情人热泪盈眶，一句口号就能让疲惫者热血沸腾，一个形象就能让芸芸众生肃然起敬，一个标志就能让陌生人从者如流。在经济建设飞速发展的现代社会，文化渗透力更是以其庞大的号召力在各个领域创造着巨大价值，品牌IP的影响力就是其价值的集大成体现。如果说品牌是消费者对于某个产品质量和品控能力的认可，品牌IP基于多年的文化积淀和共同的文化认可，则包含了更多价值观和情感因素，使得消费者对品牌的黏性进一步增强。

1474年，威尼斯城邦共和国元老院颁布了世界上第一部具有近代特征的专利法，"IP"的概念由此应运而生。当时的"IP"，更多是代指一种知识产权，后来逐渐演变成一种商业模式。

虽然IP经济早已有之，但若论真正成为潮流，还是从2014年IP

概念的越发火热开始的，业内将这一年称为"网生代"元年，即基于互联网基因的电影品牌开始跃跃欲试的一年。当时由高晓松同名校园民谣改编而成的电影《同桌的你》大火，成为票房黑马。这部成本不高且制作规模不大的青春片让国内众多电影制作公司看到了商机，那就是将流行歌曲改编成电影，他们将其称为"IP"。

很快，从《栀子花开》到《爱之初体验》，再到《一生有你》《睡在我上铺的兄弟》等一系列歌曲改编而成的"IP"电影项目纷纷启动，掀起了风风火火的"IP"浪潮。现在看来，当时对于"IP"的定义无疑是浅显而浮躁的，这一点很快在后续"IP"电影的失败上体现出来。

网络上曾经流传过一个说法："如果说2015年是IP元年，那么2016年就是IP扑街年。"2014～2015年被视为制胜法宝的"IP"，却在2016年的暑期档集体"哑火"了。《夏有乔木》《致青春》《封神传奇》……巨额投资下的满怀期望，被不到10亿的票房砸醒。难道说"IP"经济已经不再适用了吗？错，真正不再适用的，是资本简单粗暴的吸金噱头。

IP的价值在于其开发与否，二次开发是一个IP生命的开始，同时也是这个IP开始减值的时刻，稍有不慎就可能满盘皆输。

近年来，随着各类IP跨界营销的成功，IP产业再度红火起来。然而迄今为止，仍有不少品牌对IP的相关概念一知半解，弄不懂IP

前言

和品牌之间的区别。什么是品牌？什么是IP？什么是品牌IP？什么是品牌IP化？什么又是IP化品牌？本书详细解答了这些基础概念问题，并结合众多品牌案例，揭露了具体实现品牌IP化的方法和注意事项，希望能给对此疑惑的读者一些启发。

在新的商业时代中，品牌 IP 化的趋势逐渐显现，IP化运营对品牌的地位也越来越重要。若能掌握实现品牌 IP 化的成功秘诀，必能快人一步，在日益激烈的同质化市场竞争中赢得先机。

姚小飞

2021年12月

第一章 正确理解品牌 IP 化

什么是品牌和 IP - 2

什么是品牌 IP、品牌 IP 化和 IP 化品牌 - 7

品牌 IP 化在品牌发展中的角色与作用 - 11

案例分析：从小说、电影、音乐等承载 IP 的具体形态看品牌和 IP 的区别 - 16

第二章 四维结构打造品牌 IP 化

价值观：品牌灵魂塑造的原点 - 22

主体层：品牌人格的活化呈现 - 27

识别层：具备识别和传播标志的品牌人格体 - 32

品牌 IP 表达层：品牌 IP 立体化的分发体系 - 37

案例分析：美团袋鼠耳朵"四两拨千斤"的品牌 IP 化办法 - 41

第三章　品牌 IP 化之品牌定位

品牌IP化定位，塑造差异化形象 - 48

情感定位IP：品牌IP化先从情感定位开始 - 52

故事定位IP：定位原型化故事在基本人性点上 - 58

角色定位IP：在人性情感层级中进行角色定位 - 63

符号定位IP：独特辨识度和简洁可延展性的符号原型定位 - 68

案例分析：漫威IP的品牌定位之道 - 71

第四章　品牌 IP 化之品牌人格

为什么品牌必须IP人格化 - 78

从"褚橙"看品牌IP化的最高境界——品牌人格化 - 82

品牌IP人格化的六大锚定：视觉、语言、价值、人格、信用、传播力 - 87

衡量IP人格化的三大标准：标志性的风格、标志性的标签、标志性的梗 - 92

品牌IP人格化的四种风格：婴儿风、动物风、导师风、虚拟人物风 - 95

品牌IP人格化方法：精神感召、个性表达、角色设定、IP赋能、名人代言 - 100

案例分析：三只松鼠品牌的IP化和人格化 - 105

第五章　品牌IP化之品牌形象

为什么品牌需要IP形象 - 112

什么样的形象是一个好的品牌IP形象 - 116

成功品牌IP形象的三大要素与四大特征 - 120

如何打造一个好的品牌IP形象 - 124

让顾客一眼就爱上的品牌IP形象设计 - 128

品牌超级IP形象设计应该注意的问题 - 132

案例分析：企鹅电竞的品牌IP形象设计 - 135

第六章　品牌IP化之品牌运营

为什么品牌需要IP化运营 - 142

品牌IP运营必须优先考虑适合交付体验的场景 - 145

超级IP运营的三个关键点：品牌定位、产品运营、文化塑造 - 149

品牌IP运营的五策叠加：内容+运营结构+体验+转化+上新 - 154

品牌IP化运营陷阱与规避措施 - 159

案例分析：网易通过IP化运营，让"小众"产品成了"自主IP" - 164

第七章　品牌IP化后的跨界衍生

各种IP+品牌+产品跨界联合背后的深层原因 - 170

品牌IP跨界营销应该这样玩 - 174

跨界营销中，品牌将IP定制玩出彩的方法 - 180

品牌IP衍生品研发三个标准与四项原则 - 185

品牌IP衍生品内容种草带货的底层逻辑 - 189

品牌IP渠道资源整合赋能变现的三种方法 - 194

案例分析：腾讯品牌通过IP跨界营销吸引年轻人 - 198

第八章　四种最典范的品牌IP化方法与相关案例

产品的拟人化、萌宠化IP——米其林轮胎人、M&M巧克力豆 - 204

创始人或核心员工的个人IP——乔布斯之于苹果、雷军之于小米、董明珠之于格力 - 208

品牌名称的形象化IP——尊尼获加、三只松鼠零食、江小白酒、张君雅小妹妹食品 - 213

收购成名IP为品牌形象代言——菲都狄都之于七喜汽水、迪士尼的自创+收购 - 218

参考文献 - 225

后记 - 227

第一章

正确理解品牌 IP 化

品牌IP

◆ 什么是品牌和IP

IP的英文全称是"intellectual property",也就是所谓的"知识(财产)所有权"。在传统范畴内,IP指的是文学、影视、音乐、发明等凝聚原创作者心力和智慧的"知识财产",除了包括商标权、商号权、专利权、专有技术等一系列产业产权外,还包括发表权、发行权、改编权、表演权等著作权。

随着信息技术的飞速发展,无数互联网品牌快速崛起。同质化竞争日益激烈,越来越多的企业为了让自己的产品在市场上更有标签和辨识度,开始着力打造品牌IP,希望能让更多的用户记住自己。

的确,一个优秀的品牌IP,往往可以凭借极强的辨识度,给终端用户留下深刻印象,更加精准地触达消费群体。然而很多人对品牌和IP的概念一知半解,总是将它们混淆,甚至直接将两者画等号,以为品牌和IP是同一概念,其实不然。事实上,品牌并不等于IP,品牌是工业时代的规模化识别符号,IP则是移动互联网时代的人格化定义标签,两者之间有极大的区别。

1. 内涵不同

现代营销学之父菲利普·科特勒说过:"品牌,就是一个名称、名词、符号或设计,或者是它们的组合,其目的是识别某个销售者或某群销售者的产品或劳务,并使之同竞争对手的产品和劳务区别开来。"

简单来说,品牌就是用来识别产品并和对手区分的符号,除了包括品牌名称、品牌标识、品牌广告等外在构成要素外,还蕴含品牌理念、品牌定位、品牌承诺、品牌体验等内在构成要素,关联着商标权、商号权、专利权、专有技术等一系列产业产权。

随着私域流量的兴起,IP的含义在网络语境中被进一步延伸,大到某系列的小说、漫画、电视剧,小到某个人物的角色与形象,凡是可以多层次、跨产业地获得流量并成功变现的内容,都被称为"IP"。

例如熊本熊,就是一个典型的热门IP,以极高的拟人塑造迅速火遍全球,充斥在我们的网络世界里。表情包,线下活动,联名产品……根据相关数据统计,熊本熊在不收角色授权费的基础上,已经创造高达58亿元的年营收额,吸金能力不可小觑。

2. 载体不同

品牌和IP之间还有一个极其重大的差别,那就是两者的载体不同。品牌的载体基于产品,而IP的载体没有具体的意象。

品牌以产品为基础，如果没有产品，也就没有品牌。要想建立品牌，第一步就是打磨产品，人们往往首先想到的是做什么样的产品，然后思考设计产品的初衷和理念，再将其融入其中。只有产品具有一定的价值，能为用户解决某些问题，得到了认可，品牌才有存在的基础。脱离了产品，品牌就是无根之木，无法久存。

对品牌来说，无论是商标、产品名还是吉祥物，其主要作用都是进行品牌形象的详细化，其本身并不具备文化或价值表达能力。一般来说，基于品牌所创造出来的内容都会变成品牌产品的营销传播载体，甚至只是品牌冠名的高级变形。

与品牌相比，IP不会受限于某种具体的形态。有人认为IP就是一本小说，一部电视剧，抑或一个卡通形象，但事实上，这些都不过是IP的某种具体形态，这些具体形态可以让我们理解IP背后的内核。IP的内核是某种共同的价值，既可以是一种情绪，也可以是一段旅行，抑或一次短暂的享受。它不因热点的变化而转移，也不因时间的流逝而变迁。例如电影《泰坦尼克号》，无论过了多久，其文化价值依旧不会褪色，照样可以打动观众。

作为通过文字、图片、音乐、影像等多种载体呈现的文化形态，IP可以与用户产生情感共鸣。它提供给用户的不是产品的功能属性，而是一种情感寄托，其终极目的是追求价值和文化认同。因此，只要IP的载体能够呈现出特别的感情和文化因素，人们就不会过于在意它的具体形式。

3. 用户关系不同

品牌通过产品和用户建立关系，这种关系主要建立在价值交换上。企业是为了销售利润打造品牌，而用户是为了使用功能购买商品。

与品牌相比，IP提供给消费者的不是商品的功能属性，而是某种情感寄托。用户因情感共鸣和IP建立联系，两者之间的关系更多的是一种频率共振，实现的是某种交互和价值认知。每个IP都有很强的共情能力，可以唤醒用户内心深处的一些敏感情绪。例如，《钢铁侠》会唤醒我们的英雄情结，《战狼》会唤醒我们的爱国情怀，《最好的我们》能唤醒我们对于青春的美好回忆。

4. 传播方式不同

品牌一般需要企业主体主动向外推广传播，而IP则因其内容力往往自带流量。有时通过传播方式，用户很容易区分出品牌和IP的不同：假若某个品牌可以独自成为网络话题从而实现自传播的话，它就是一个IP，反之则不然。

作为工业化的符号，品牌只有给用户留下独一无二的深刻印象，才能在市场的众多同质化产品中脱颖而出。为此，企业必须投入大量的成本推广宣传，以保持连续的品牌曝光度。

以Nike为例，作为知名运动品牌，Nike在广大运动爱好者中一直备受欢迎。但事实上，Nike本身并不具备流量，要想让消费者牢牢记住自己的品牌，企业需要投入更多的资源进行广告宣传。

Nike很难让消费者去自发谈论，因此它并不是一个IP。那究竟什么才是IP呢？Nike的乔丹联名款AJ，就是一个超级IP。作为乔丹的联名，AJ被乔丹的标签赋予了一定的人格化特征，自带流量，可以完成自传播，而这正是IP的典型特征。

IP的核心是内容，主要通过内容聚合用户，因此很容易被自发地讨论和宣传。从某种角度来看，品牌是垂直作用力，针对的是产品或者品类，而IP是水平作用力，针对的是某种人格。和品牌相比，IP自带流量，传播广、易跨界，因此，近年来，不少传统品牌开始打造人格化特征，致力于完成IP化转换。

5.变现方式不同

和IP相比，品牌变现方式较为单一。品牌主要依赖于产品变现，而IP的变现渠道多种多样，从联名产品到衍生游戏，在变现的同时还开发了更多场景，有利于实现二次开发和传播。

以《斗罗大陆》为例，从网文到游戏再到漫画动画，称得上是目前开发最为成功的国产IP之一。据了解，《斗罗大陆》之前还和许多商家推出了各种联名产品，周边手办也很畅销，而游戏漫画等深入改编则进一步拓宽了《斗罗大陆》的IP受众，为其发展注入了新

第一章
正确理解品牌 IP 化

的活力。

◆ 什么是品牌 IP、品牌 IP 化和 IP 化品牌

随着"90后"和"90后"消费的兴起，消费者越来越年轻化。为了适应年轻消费者的审美和口味，市场开始更新换代。"90后"尤其是"95后""00后"没有负担，追求个性时尚，相比高冷守旧的传统品牌，他们更青睐新颖有趣的新兴品牌，在消费功能性商品的同时，更注重追求商品背后的自我认同感和归属感。

在这样的市场环境下，品牌越发需要个性化和语境化，国内的IP营销浪潮也由此开始此起彼伏。于是，品牌IP应运而生。

所谓品牌IP，就是以实现商业价值为目的而设计的产品、服务、广告的总和，它是口碑营销的一种新模式，也是品牌进化的一种高级阶段。

不是所有品牌都是IP，但品牌可以打造成IP。如果一个品牌能够为自己塑造出鲜明的人格特征，通过内容和用户持续进行有价值的互动并凭此受到越来越多用户的青睐，那么它就成功变成了IP。而所谓品牌IP化，就是按照打造IP的思维和方法来建设品牌的第二

形象，将品牌动漫化、公仔化、人物化，由此产生人格化的LOGO或吉祥物，并通过变现创造品牌在市场上的价值和效应。

对品牌来说，IP是一种新工具和新方式，品牌IP化作为一种全新的品牌塑造方式和表达方式，是以心灵触达为导向的高效用户联结，不仅可以和用户产生沟通共鸣，还能更持久、更优质地升级品牌资产。

IP是一种符号概念，从某种程度来说，品牌IP化意味着品牌不再只是一个商标，而是和IP一样成为某种可以占领用户心智的符号化认知。例如，当我们日常生活中遇到不清楚的问题时，就会习惯性地"百度一下"，此时"百度"就是我们心中"上网搜索"的心智符号，这就是IP所带来的强关联价值。

需要注意的是，品牌IP化的基础还是品牌，而不是说企业随随便便捏造一个IP就行。品牌IP化不能脱离品牌，要在品牌本身的基因和土壤上进行，根据品牌和产品用户来进行升级演绎。品牌IP的原始用户来源于品牌的现有用户抑或潜在用户，因此，企业在进行IP化创建过程中，必须将这些用户作为内容生产的目标人群和原点人群。

此外，品牌最大的作用就是节省用户的选择成本。当用户面对两个功效相似、价格相同的商品而不知如何选择时，往往会选择自己更加青睐的品牌。这也是品牌创立的初衷——在同质化产品竞争中凭借给用户留下的良好印象拔得头筹。

在当今社会，如果只依据传统定位理论，一味强调产品设计的理性和概念，很容易让品牌的物性感过强，导致消费者认为品牌姿态过高、无法亲近。因此品牌应该从情绪、情感甚至情结等层面出发，积极与消费者互动和沟通，设法让消费者产生更多的精神共鸣和心灵依附。只有在品牌基因的基础上深挖人性、生产内容，同时持续宣传和吸引用户参与，才能达到与用户的深度共鸣，最终使得品牌IP自带话题和流量，和用户构建起持续的高黏性强关系。

有些企业管理者认为品牌授权就等于品牌IP化，抑或影视植入就等于品牌IP化，这着实是一大误解。事实上，就算品牌得到了超级IP的授权，超级IP也不过是企业的短期带货工具罢了。如果流量不能转化到自身的品牌或是企业上，即使联名商品宣传再广、卖得再好，最终只能让这个IP知名度更大，无法建立属于企业自己的品牌IP。

以小猪佩奇为例，一段时间，这只粉色小猪风靡全国，一度成为热度和身价最高的动画IP，和费雪、PEZ航空、家乐福等全球多家顶级品牌达成合作，衍生出的联名产品种类繁多，从零售、时尚到电影、航空、主题公园、教育中心，涉及多个生活领域。

作为爆火IP，小猪佩奇的联名产品自然能给不少品牌带来利益，然而除了一些基础较为雄厚的品牌能通过这种联名合作增加品牌的娱乐性、互动性和传播性，使话题的最终转化和流量落在企业品牌上外，更多基础不够扎实的企业花费的高额授权费和宣传费都在为"他人"做嫁衣，最后只增加了小猪佩奇这个IP的话题性和刷屏感。虽然在短期内可以多卖货、增加经销商和产品的网点数量，然而一旦IP风口过去，没能获得反哺和提升的品牌便只能尴尬地回到起点。

影视植入也是同理，虽然影视植入可以凭借爆剧的庞大粉丝基础和高流量、高话题给品牌引流，同时还能通过开发衍生联名产品等方式提升品牌的娱乐性、话题性和年轻化，实现销售转化，但再火爆的影视剧只能引发受众关注，成为流量创造的起点，并不意味着流量创造已经完成，更不能说明品牌已经完成IP化。企业要想在市场上站稳脚跟，还要持续开发和壮大已经形成的用户群体，不断在影视剧中寻找发酵点，然后通过KOL传播发酵点吸引流量，不断进行市场转化。

有些企业只想获得海报授权，还有些企业只抱着试水心理做一次产品植入。若是一次见效，便吃老本希望效果持续；若是没有效果，就产生各种抱怨不去思考原因。要知道，影视剧的收视票房是不可控的，影视植入效果显著的品牌大多需要不断更新爆点，甚至按年度去规划影视IP合作，全年几次、什么时间、哪些热点，都很有讲究，这是一个长期的系统工程。

此外，品牌IP化也不等于IP品牌。虽然IP品牌是品牌IP化之后所形成的最终形态，但IP品牌的原点和关键点都是在于内容，在内容产业日益发展的现代，内容的持续创造力才是构成品牌IP人格化的核心。要想保持品牌的影响力，就必须不断创新，否则，只能在引发一阵风潮后逐渐被用户忘记。

以江小白为例，作为酒业中的品牌黑马，江小白通过独特的话语体系和创意的营销策略迅速受到了亚文化圈青年消费者的关注，开辟了独属于自己的市场。江小白的品牌营销无疑是相当成功的，但就超级IP品牌而言，它还欠些火候。虽然当初江小白通过表达瓶这种包装创新在用户中引发社交分享，迅速传播开来，但近年来，江小白并没有推出多少创新，风头也逐渐减弱。一旦企业失去有价值的内容传播，就极易被庞大的信息化碎片淹没，使得IP个性化日益减弱，以至于无法进一步延伸产品，实现品牌的跨界进击。

品牌IP化在品牌发展中的角色与作用

随着信息技术的迅速发展，泛娱乐时代的特征日益明显。互联网实现万物可连，也使品牌和用户之间产生强黏性和强互动。而在泛娱乐领域，联结和聚合用户情感的核心正是IP。

近年来，IP热度不断升级，越来越多的年轻消费者涌入市场，怎样满足这些年轻消费者的需求、迎合他们的喜好，便成为所有企业所思虑和追逐的焦点。要想解决这一营销痛点，最有效的方法便是进行IP营销，实现品牌IP化。

正如前文所言，品牌IP化就是按照打造IP的思维和方法来建设品牌的第二形象，将品牌动漫化、公仔化、人物化，由此产生人格化的LOGO或吉祥物，并通过变现创造品牌在市场上的价值和效应。对品牌来说，IP是一种新工具和新方式，品牌IP化作为一种全新的品牌塑造方式和表达方式，是以心灵触达为导向的高效用户联结，不仅可以和用户产生沟通共鸣，还能更持久、更优质地升级品牌资产。

总体来说，品牌IP化在品牌发展过程中可以起到以下作用：

1. 提高品牌辨识度

品牌IP化可以帮助品牌找到改变的突破口，通过IP形象给品牌注入新的血液，最大限度地凸显品牌的差异化，让品牌给用户留下独特的深刻印象，从而在同质性产品竞争中拔得头筹。

需要注意的是，品牌IP化所凸显的品牌差异化并不体现在"我有，你没有"，而是企业通过对IP形象的认真塑造，更进一步地向用户展示和传达品牌文化，让用户感受到品牌亮点而形成的差异。IP形象虽然可以联结品牌和用户，但并不能起到决定性作用，更多的是一种锦上添花的效果。

例如，高德地图的IP形象"高小德"，就是以老鹰为原型创造出来的。老鹰是天空的霸主，视野广阔，可以看清数千米甚至更远的景物。通过这一IP形象，高德地图可以将自身和精准定位联系起来，让广大用户一看到高德地图，就想到精准定位。不过高德地图的成功并不仅仅因为"高小德"这一IP形象，更多的是因其本身产品和服务的质量过硬。

2. 增加品牌亲和力和用户黏性

品牌追求的最高境界，就是与自己的用户产生情感共鸣。而要想产生情感共鸣，就要有亲和力。我们可以将品牌看作一个人，如果你说的话用户听不懂，也不接受，不能打动人心，自然就无法和用户产生共鸣。

如今很多人对专业的理论和高深的概念不再热衷，若是品牌在营销过程中依旧按照以往的套路，专注于这部分，就会和用户之间产生距离感，让用户觉得品牌难以接近。但若是一味地接地气，又容易降低品牌档次，无法表现品牌真正想要传达的意思。要想解决这个两难困境，品牌IP化是一个很好的选择。只要品牌的IP形象塑造得足够成功，用户就会觉得无论它说出什么话，都将是可爱的，这就无须为了"接地气""博眼球"而缩减甚至改变品牌原本想要传达的内容。

此外，品牌IP化也有利于构建品牌与用户之间持续的高黏性、强关系。IP化的品牌能够为用户提供精神依附，和用户产生精神共鸣。作为优质内容源，IP化的品牌可以凭借持续的内容输出不断吸引用户的关注和互动，让用户逐渐从单次消费变成铁粉甚至终身用户，还可以以产品为基础不断推出周边的系列衍生品，实现商业变现。在这个过程中，用户也会出于对IP形象的信赖和喜爱，间接地想和品牌保持长久联系，如今传统广告营销很难这样增加用户黏性。

3.降低传播成本，拓宽传播渠道

如今无论是线上还是线下，流量资源都十分稀缺和昂贵。要想利用传统渠道进行广告宣传，往往需要投入巨大的资金，虽然移动互联网能够给我们提供低成本甚至负成本传播扩散的可能，但这个机会也不是人人都能把握得住的。只有品牌自带传播势能，才能产生低成本甚至负成本的传播扩散，这就需要品牌的IP化发展。在IP时代，只要占据一个IP，就等于占据了一个永久的消费入口，能够为品牌源源不断地提供流量。

IP化发展过程中，最重要的是品牌的IP化，IP化后的品牌本身能成为超级内容源，不仅拥有持续的传播能力，更能持续产生优质内容，以供用户传播、分享和扩散。

此外，品牌的IP形象往往具有超强延展性。在线上传播中，IP形象可以充分发挥自身优势，打破固有呈现方式，给用户带来特别的视觉体验；在线下传播中，IP形象可以通过各种实体周边推广和用户形成紧密联系，为品牌创造多重收益和价值。

以故宫为例，以往的故宫在大家心目中是威严神秘的，近年来，故宫不断推出各类联名文创，甚至不乏各种俏皮、卖萌形象，在俘获年轻人芳心的同时也让自己的文化和传统元素找到了新的传承渠道。

4. 降低代言成本，实现跨界营销

现在有许多品牌，为了提高知名度和积累更多用户，往往会花费高额费用邀请明星为自己代言。然而明星带来的关注往往有时间期限，一旦合约结束，流量就会大幅降低。和明星相比，通过品牌IP化打造一个卡通形象，并以此作为自己的品牌代言人，可能是一个更加长远的选择。

品牌可以让自己的IP形象积极参与各类营销活动，通过不同方式在用户面前出现，玩转各大品牌之间的跨界营销。当自己熟知并喜爱的IP形象突然跨界时，大部分用户会感到新奇，并乐于接受这种营销方式。在传播过程中，品牌还能通过IP形象的外形特征，让用户对自己产生统一认证，长此以往，就能形成良性循环，不断加深用户对品牌的好感和印象。

在某种程度上，品牌IP化后实际弱化了品牌和产品，而是利用IP的形象优势和人格魅力来吸引用户追捧，让他们因为内心的热爱而进行感性的购买行为。

以熊本熊为例，这只呆萌的黑熊本来只是熊本县政府宣传案的"副产品"，形象产生一个月后，运营方迅速为它策划了一系列神奇事件：聘任熊本熊为临时公务员、熊本熊大阪失踪、寻找腮红事件……与此同时，有关熊本熊的各种联名商品层出不穷，囊括了各种商业领域。通过各种跨界营销，熊本熊不仅成功让更多人知道了熊本县，还创造了高达58亿元的年营收额，迅速走红全球。

◆ 案例分析：从小说、电影、音乐等承载IP的具体形态看品牌和IP的区别

品牌和IP最大的区别在于：品牌需要依附于某个或某种类型的具体产品，而IP无须依附于某种具体形态；品牌有生命周期，到了一定时间会死亡，但IP是永久存在的，不会因时间的流逝而消亡。

1941年，漫威创造了"美国队长"。虽然那个时代背景下的"美国队长"与如今的大不相同，但60年过去了，"罗杰斯"一直如有血有肉的真实人物般散发着旺盛的生命力。"美国队长"承载着漫威的英雄世界观，多年来一直被人们津津乐道。

2011年，"美国队长"被重新搬上银幕，热度依旧未减，票房大热的同时周边商品再度热销。"美国队长"这个角色形象像一座开采

不尽的金矿，每次都能给人带来惊喜。这个漫画人物似乎没有受到岁月的侵袭，一直保持着蓬勃的朝气。

与之相比，中国的很多影视节目就无法实现历久弥新。即便是2004年一度掀起全民造星浪潮、造就惊人收视神话的《超级女声》，在17年后也几乎销声匿迹。

漫威主画师沃特·麦克丹尼尔曾经指出："国内目前火爆荧屏的《爸爸去哪儿》《中国好声音》《奔跑吧兄弟》等电视节目，只是'品牌'，还称不上IP。因为在中国的内容市场，除了收视率和票房带来的影业收入保证外，关于扩展周边产业几乎找不到任何值得称道的案例。"

感受一下这句话，再想一想《美国队长》和《爸爸去哪儿》之间的差距，你就能深刻体会到品牌和IP之间的区别。中国虽然制作了不少火爆的影视作品，但真正能像漫威、迪尼斯那样几十年都保持旺盛生命力的作品却少之又少。这是因为国内虽然引入了IP的商业开发系统，却没有引入IP的商业核心理念。

沃特·麦克丹尼尔强调："一个轻喜剧为什么要花费巨大力气去设定背后的整个世界观、宇宙观。因为里面的哲学和价值观才是能永远活下去的，而不会因为时代变化和大家兴趣爱好的变化、呈现形式的变化死掉。"

成熟IP的核心部分在于作品的核心价值观，核心价值观的创作能够决定作品成败，也是占据大部分时间和资源的工作任务。IP创作的主要精力并不在文字、画面等表层东西上，不是说写得很好抑或画得很好，就能打造出一个成功的IP。然而国内往往反其道而行，将创作重点放在"怎样讲好故事"或是"花大成本去请明星上"，这种作业方式无疑走入了歧途。

故事应该根据消费者的需求来设计，随着时代、环境、历史背景的变化而不断调整。在20世纪40年代，漫威的故事大多以"二战"为背景，美国队长也诞生于这个时期，几十年过去了，英雄还是那些英雄，但现在的故事已经和初始版本完全不同。唯一保持不变的是故事的核心价值观，那些处于底层的文化和哲学思考，及其能带给人的情感体验和共鸣可以是永恒的。

由此可见，IP创造和故事创作间最根本的区别在于：IP创造中，角色成型于故事之前，而非许多人认为的先有故事再有角色，抑或是通过故事来塑造角色。

在创造IP时，往往会先初步设定好角色和宏观背景，然后再通过角色去延展具体的故事，而所谓的道德、勇气等价值观念早在设定角色背景时就融入进去。因此对一个成功的IP而言，往往不是通过故事内容去认识主角人物，而是通过主角人物去了解其背后的故事和经历。在真正的IP中，故事不是用来定义和塑造角色的，早在故事开始之前，角色就已活生生地存在了。

好故事作为载体，能够给角色加分，但无法成为IP的核心。IP消费的本质不仅是在享受故事层面的快感，更是在追求共同意义上的价值认同感和文化共鸣，这也是美国队长、蜘蛛侠等早期角色能在几十年间一直保持生命力的重要原因。IP的核心在于有血有肉的人物角色，具体来说，就是人物角色身上所体现出来的文化思考和背景世界中的哲学指向。

人类共同的价值观和道德观不受文化、政治、人种、时间等因素的限制，可以跨越一切。就算过了一千年，它们也不会有所改变。每个火起来的作品都不是偶然的，所有成功的IP都具备同一个元素——能让人产生共鸣的核心价值观。

IP追求的是价值和文化认同，比起产品的功能属性，消费者更多时候是为自己的情感寄托埋单。当产品上可以体现出这些感情和文化元素时，消费者不会在意它的具体形式，因此IP衍生品的延展性巨大。如果一种形式不再流行，IP可以随时跳到另一种全新形式中，它的内在核心没有改变，但是商业价值却是源源不断的。

与IP相反，消费者在面对品牌时，往往更关心产品本身的功能属性。然而产品的功能性并非一成不变，产品的呈现形式不同，其功能性也会有所改变，这对消费者的决策购买产生相当不利的影响，因此品牌衍生品总是以失败告终。

IP可以通过情感、文化、道德等精神层面的元素在各种产品表

现形式之间顺利切换,而品牌缺乏能够贯通各种呈现形式之间的元素,因此通常只能局限于某种单一呈现形式,不仅价值不会特别高,持续力和变现力也会比较差。

现在很多企业贩卖的只是内容,消费者能够买到的不过是通过单一媒介呈现的品牌,而不是真正放到其他媒介形式的IP。这些内容无法像IP一样维持长久生命力,更难以形成庞大规模营收效应。需要明确的是,IP并不只是个商标,真正的IP有自己的价值观和哲学,可以永久存活。

第二章

四维结构打造品牌 IP 化

价值观：品牌灵魂塑造的原点

随着媒体环境的日益碎片化和消费场景的越发多元化，仅凭独立而割裂的单次营销活动，已经无法达到品牌想要的宣传效果。非原创性手法在市场上的穿透性不够，传播效果也往往不尽如人意。在消费主权时代，用户在进行消费选择的时候，往往会偏向于自己更喜欢的信息内容。面对这些挑战，企业必须重视品牌内容建设，品牌IP化的重要性也逐渐凸显出来。

通过研究品牌IP化的本质和建设路径，我们可以归纳出打造品牌IP化的四维模型，该模型从内到外，将品牌IP化打造分为以下四个层次：价值观、主体层、识别层和品牌IP表达层，其中价值观是四维模型中最核心的层次。

价值观是品牌灵魂塑造的原点，也是品牌人格的统领。我们可以将品牌看作一个独立的人，他的一举一动，无论是行为习惯还是言谈举止，都会受到自身价值观的决定性影响，因此，价值观是品牌IP化的基本内核，必须正向、积极，具有普适意义。

前几年，动画电影《哪吒之魔童降世》大火，成为备受年轻人喜欢的当红IP。如果用一句话来概括这部电影的核心价值观，那就是"我命由我不由天"。这样积极向上、追求自由与解放的思想内核贯穿于《哪吒之魔童降世》全片，也表现在主角哪吒的一言一行中，引发了不少年轻人的情感共鸣。换句话说，《哪吒之魔童降世》这个IP之所以成功，正是因为它体现的价值观符合现代年轻人的审美与追求。

要想塑造好品牌的核心价值观，企业首先要了解品牌核心价值观的内涵所在。从品牌角度来看，一个产品主要分为以下三个层面：

1.物理属性

产品的物理属性，主要指产品的物理功效和使用价值。笔能写字，锅能做饭，这都属于产品的物理属性。

2.感官体验

比物理属性更高一层的是感官体验。以笔为例，如果写字是它的物理属性，那么造型精美、书写流畅就是它的感官体验。

3.情感抒发

当我们对某个产品的物理属性好感持续上升的时候，就会升到感官体验层面，若这种感官体验继续上升到一定高度时，就会形成情感抒发。

人们有时会通过选择某个品牌的产品来传递自己的情感体验，

表达自己的人生主张。例如，在使用钢笔的时候，选择一支派克笔，就是在展示自己精致生活的价值观念。

品牌核心价值观的内涵，就在上述的第三层面，也就是情感抒发。在生产力日益发达的今天，企业越来越难通过产品的物理属性战胜竞争对手，要想在同质化产品竞争中取胜，就必须重视品牌文化建设。现在很多人在消费时，往往更注重情感的传递和身份的象征，而品牌也不仅仅是在卖产品，更是在卖某种情感体验和精神文化，品牌的核心价值观正是赋予产品感情和生命的关键。

在塑造品牌核心价值观的时候，企业必须遵循以下三大原则：

1. 品牌核心价值必须有鲜明的个性

正如独特的人会让大家印象深刻一样，品牌核心价值的个性越鲜明，越能深入人心。

纵观当今市场上的强势品牌，无论是可口可乐的"乐观向上"、宝马的"驾驶乐趣"，还是农夫山泉的"源头活水"，无一不具有鲜明个性的核心价值。

在如今的多元化社会，人们的喜好百口难调，在进行消费的同时也越来越讲究个性化。如果品牌核心价值缺乏个性、趋于雷同，就很容易被同质化产品淹没，尤其是那些后入市场的品牌，会被视为"跟风""模仿"。只有个性鲜明的品牌核心价值才能吸引消费者关注，凭借高度差异化的优势在市场占有一席之地。

2. 品牌核心价值要能打动人心

品牌的核心价值要想打动人心,就必须贴近消费者内心。因此在提炼品牌核心价值时,必须从消费者角度出发,揣摩他们的内心世界,了解他们的价值观和审美喜好。

我国香皂市场上就有两个典型的品牌案例,那就是力士香皂和舒肤佳。早在1986年,力士香皂就进入了中国市场,比舒肤佳足足早了6年。然而在争夺市场的过程中,舒肤佳却后来居上,以近半的市场占有率力压力士香皂,成为国内家喻户晓的香皂市场霸主。

从产品品质来看,力士和舒肤佳生产的香皂品质都很过硬;从品牌持有者来看,力士的背后是联合利华,在全球500强中排名第54位,而舒肤佳的背后是宝洁集团,在全球500强中排名第75位;从品牌宣传来看,两个背靠大公司的品牌多年来线上线下营销不断,广告投放都不手软,可谓是势均力敌。那么舒肤佳究竟凭借什么获得消费者的青睐呢?答案就是打动人心的核心价值。

相比力士"滋润、高贵"的产品理念,舒肤佳的"除菌"宣传更得人心。毕竟除菌才是事关健康的大事,比起滋润来说更加重要。由此可见,洞察消费者内心的品牌价值对企业来说有多重要。

3. 品牌核心价值要有包容性

在确定品牌核心价值的时候,应重点考虑它的包容性。企业发

展到一定程度，就需要进行品牌延伸。如果事先没有考虑品牌核心价值的包容性，等到需要延伸品牌的时候才发现原来的品牌核心价值无法包容新产品，就必须花费巨大的精力和财力进行重新改造。

品牌核心价值的包容性体现在两个方面，一是时间，二是空间。

从时间角度来说，确定品牌核心价值时必须考虑它能延续多年不过时，例如可口可乐的"乐观向上"，就是经久不衰的核心价值观。

从空间角度来说，确定品牌核心价值时必须考虑它能为多种产品共有。品牌要想在日后拓展其他多种类型产品或跨行业经营，就必须预埋品牌延伸管线。

在确定品牌核心价值包容力的时候，企业要根据经营战略综合考虑。如果企业品牌发展方向为单一产品，想要以产品功能为卖点占领细分市场，那么品牌核心价值包容力就要往小设置，例如舒肤佳的"除菌"；如果品牌打算以后延伸多类型的产品，抑或主营体现身份、表达情感类型的产品，那么品牌核心价值包容力就要往大设置，例如海王的"健康成就未来"。

品牌核心价值观一旦确定，就要坚持维护好它。企业的所有营销传播活动，从产品研发、价格、包装、广告、公关、赞助、促销到新闻炒作、软文宣传、市场生动化、售后服务等都必须围绕品牌核心价值去演绎。

企业在维护品牌核心价值观时，不仅要考虑横向的活动层面，还要考虑纵向的时间层面。也就是说，不仅要让同一时期的不同营销传播活动都围绕同一个主题和统一的形象，更要在不同时期坚持同一核心价值观。可口可乐从1886年至今，广告宣传语和人物情节变了又变，但其演绎的"乐观向上"的核心价值一直没变，这正是它能延续百年辉煌的秘诀。

企业要知道，企业的每次营销活动、每个广告宣传，实际上都在加深消费者对品牌的记忆和认知。无论是广告宣传等传播手段，还是产品功能、包装、价格、人性化服务等营销策略，都要坚持统一的品牌核心价值，这样才能创建成功的品牌。

◆ 主体层：品牌人格的活化呈现

在核心价值观的指导下，品牌的人格化特质会透过人设、剧本、风格等不同层面体现出来，这个层面的人设剧本风格就被称为主体层。

主体层是品牌IP化打造的第二层面，从某种程度来说，主体层就是品牌IP的形象定位，决定品牌的调性和气质。主体层主要包括人设、剧本和风格三大基本要素。

1. 人设

品牌IP形象需要有自己的人设，就像每个演员都要有自己的人设一样。所谓人设，是指对于品牌人格的活化呈现。人设是一种品牌人格化的具象呈现，我们必须将品牌的灵魂具体化，让它附着在某个鲜活的载体形象上，这样才能最大限度地引起用户共鸣。

例如，熊本熊的"呆萌"形象，就是很显著的人设。除了熊本熊外，故宫淘宝推出的霸道总裁雍正，也具有很典型的人设特点。

在打造品牌差异化人设过程中，必须遵循以下三个原则：

（1）品牌人设不能偏离品牌定位

品牌定位是品牌战略的核心，对品牌运营的成败往往起着决定性作用。因此，打造品牌人设可以个性化，但绝不能偏离品牌定位。

品牌定位可以让消费者在产生消费需求时第一时间联想到你，例如，当你感冒了，会第一时间想到999感冒灵；当你上火了，会第一时间想到加多宝、王老吉，这就是建立品牌定位的好处。

需要注意的是，品牌定位必须足够清晰。企业在建立品牌定位的时候，要仔细调研市场，分析目标用户和竞争对手。通过对竞争对手的分析，找到品牌在同质化产品中的独特优势，尽可能做到差异化。

确定品牌定位后，还要长期持续地进行内容输出，通过微博、微信等官方渠道积极与粉丝互动，维持粉丝黏性。

一个品牌的成功离不开长期的经营，要想打造好人设，就必须从精准定位开始，分析品牌优势、深挖用户喜好、确立创意，然后慢慢建立。

（2）从消费者喜好入手

打造品牌人设的最终目的是迎合消费者，因此，品牌的营销方式必须从消费者喜好入手。

针对年轻消费者市场，品牌可以紧跟热点，结合网上的段子进行有趣的图文宣传，拉近和年轻受众的心理距离。例如卫龙，就通过和暴漫的跨界合作，打造有趣好玩的品牌人设，在线上积极与消费者互动，扩大品牌认知度。

（3）产品是核心

总之，好人设离不开好产品，产品才是品牌运营的核心，品牌人设的经营离不开产品质量的打造。

品牌之所以建立人设，为的就是能使品牌的形象更加生动，便于用户迅速联想和记忆。但无论如何，打造好产品才是品牌建设的重点。如果产品质量达不到要求，很难建立好人设。

三鹿奶粉就是一个典型的负面例子。"三聚氰胺"事件发生以后，三鹿奶粉品牌的口碑瞬间崩盘，很难扭转在消费者心目中的负面形象。

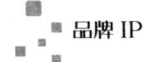

总之，品牌要想打造好人设，就要确定好定位，从消费者喜好入手进行营销，同时把好产品质量关。差异化的人设能够帮助品牌通过独特的个性和鲜明的价值主张圈粉年轻消费者，但差异化的人格IP离不开内容的长期输出。品牌在打造人设过程中，必须不停创新，这样才能保持持久的生命力，并与Z世代消费者建立长线沟通。

2. 剧本

内容是驱动社会化传播的重要能源，要想让品牌向IP进化，就必须赋予品牌超强的内容影响力，因此，剧本设计在品牌IP化过程中起着至关重要的作用。强有力的剧本可以促进品牌IP传播，有利于感染受众，帮助品牌与他们建立情感联系。

以《舌尖上的中国》为例，章丘铁锅就拥有一个足够好的剧本——12道工序，18遍火候，1000摄氏度高温锤炼，36000次锻打，不放一滴油就能做到丝毫不粘……这些富有感染力的语言能为品牌赋能，让观众情不自禁对章丘铁锅产生兴趣和信任。

好的剧本能够达到事半功倍的营销效果，要想创造好的剧本，可以从以下五个方面着手：

（1）搜集背景故事

打造好剧本的第一步是挖掘故事背景，也就是所谓的情景分析。背景故事各不相同，但都可以为剧本创作提供必要的背景信息，这包括在市场上对品牌文化、问题和机遇的评估。

（2）将品牌和潜在需求者相结合

好的剧本自然离不开对品牌的调查。剧本营销往往通过讲述故事来体现品牌理念，在消费者感受故事情节的过程中，潜移默化地完成品牌信息在消费者心智中的植入。

因此在打造好剧本时，我们必须完整理解品牌的价值观和信仰体系，了解它们是如何被支撑起来开始的，确认是什么在背后一直支撑着品牌理念。

剖析完品牌，就要开始关注品牌究竟针对哪些潜在需求者。将潜在需求者与品牌相结合，努力寻找双方的契合点，在共同的价值观和信仰之上建立品牌理念，这对用户黏性产生至关重要的影响。

（3）用"一句话"来延伸故事

所有好的剧本，都可以用"一句话"来延伸概括。

剧本包括三大元素：情节、情绪和情感。一般来说，剧本最好带有一些戏剧冲突，这样更能吸引受众注意。在进行剧本创作时，可以先通过挖掘痛点，找到具有传播力的冲突点，然后利用写实的手法将其放大。可以加入一些真实情节，让剧本更加真实动人。

（4）做好传播宣传

好的剧本的流传，离不开传播渠道的建设和铺设。注意建设传播渠道，把控传播节奏，在关键时刻，网红大号的站台背书和有关媒体的发酵宣传必不可少。除了线上宣传外，线下也可以通过门店

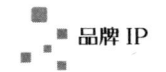

设计、产品包装等途径进一步完成品牌故事的扩散。

（5）品牌故事附着产品

品牌故事必须附着产品，才能让消费者有可感度。企业可以通过产品包装、产品细节、产品卖点等多个环节，多方位呈现品牌理念，以便于更好地向目标消费者传播价值观。

3.风格

对品牌IP而言，风格虽然并不具象，但却无处不在。品牌只有拥有专属的特点和风格，才能给广大消费者留下深刻印象。

在众多品牌中，江小白无疑是将风格运营到极致的代表。作为白酒市场上的一匹黑马，江小白通过简约创新的"交流瓶"包装，成功营造出简单文艺的人格气质，并凭此在白酒市场吸引了属于自己的受众群体。

◆ 识别层：具备识别和传播标志的品牌人格体

识别层是品牌IP的符号化外显，指的是品牌IP最易于被识别和传播的标识。它是品牌IP化打造的第三层面，包括标志性符号、标志性行为、标志性话语等。

品牌IP的人格体为了更好地被识别和传播，往往会利用一些典型化标志来引发品牌IP核心用户联想，这些典型化标志就被叫作品牌符号。

标志性符号是最直观、最恒定的外在识别，不同品牌IP拥有不同的标志性符号，但它们有一个共同特征，那就是具有强烈的个性化和确认能力。例如，香奈儿的双C标志，以及苹果品牌被咬了一口的苹果标志，都是经典的标志性品牌符号。

品牌的标志性符号是一种用来激发消费者感官感受的识别体系，主要包括图标、吉祥物、色彩及包装等，可以通过视觉等感官刺激让消费者更具体形象地记住品牌信息。例如，麦当劳红底黄字的M标，不仅色彩反差大，极富视觉效果，而且以首字母为标识，简单易记，也让人印象深刻。

在设计品牌标志性符号时，要注意简练、醒目，图案不能过于复杂含蓄。毕竟符号是一种视觉语言，要求产生瞬间效应，这样才能有较好的识别性，有利于推广和传播。

除了标志性符号外，标志性话语和标志性行为也是品牌IP化的关键识别要素。

现象级的网络事件往往源于一句话的发酵，有记忆点的标志性话语可以让大众主动传播，大大提升品牌IP的知名度。例如，"中国挖掘机哪家强？中国山东找蓝翔"，就是一句经典的标志性话语，让蓝翔技校被众人所知。

好的标志性话语，是用最少的文字传递最多的信息，让接受方产生最强的行为冲动。企业要想创作出成功的标志性话语，必须做到以下几点：

1. 秒懂

消费者每天都会接收海量信息，企业品牌通过终端在他们面前展示有时只有一秒钟，因此"秒懂"是成功标志性话语的基本要求。

某些企业为了让自己的品牌显得高端有文化，常常将标志性话语做得艰深晦涩，这看似更加优美、富有诗意，实际上造成标志性话语的最大误区。众所周知，在信息大爆炸时代，消费者没有那么多的时间和精力去思考你的话里有什么深意，这种方式只会让品牌和消费者之间产生沟通障碍，不仅无法准确传达品牌关键讯息，还会大大降低信息传达的质量。

话语即信息，标志性话语最好一说出去就让对方领会意思，因此需要尽量用简单易懂的文字进行创作。简单才能深入人心，就算对方是一个新手，也要让对方能够轻而易举地知道你在说什么。此外，还要少用谐音词，因为谐音词无法遵循听觉传播的原则。

除了表达要直白外，标志性话语应尽量将字数控制在 8～14 个字之间，这样最容易被人记忆。

2. 口语化

成功的标志性话语一定是便于传播的，要想赋予话语生命力，就必须偏向于口语，这样才能让人们在日常交流中脱口而出，口口相传。

判断一条标志性话语是否足够口语化，主要要看一线销售人员在销售的时候是否经常使用，消费者和用户在评价的时候会不会相传。最成功的标志性话语是能进化成大众日常的口头禅，例如"拍照的时候说田七""怕上火喝王老吉"。

3. 传递品牌价值

品牌通过标志性话语传达自己的独特价值点，告诉消费者选择自己的理由。因此，成功的标志性话语必须具有能够瞬间击中目标受众的独特价值。

4. 帮消费者做决策

营销传播的最终目的是为消费者做决策，标志性话语也要有明确的行动指向，让消费者看完之后有购买冲动，这对话语的句式有相当大的要求。

句子的结构和韵律十分重要，标志性话语最好采用有节奏的押韵句式，同时辅助一些行动指令字词，这样才能有煽动性，能让消费者更容易形成行为冲动。

还是那个熟悉的案例——"挖掘机技术哪家强，中国山东找蓝翔！"在这句经典标志性话语中，"找"这个动词直接指向了消费者行动，而"强"和"翔"押韵，读起来顺耳上口。若是将"强"换作"好"，不再押韵，句式的效果就会大大减弱。

5.带品牌名

除了上述几点外，携带品牌名称对于创作标志性话语也很关键。若是不携带品牌名称，话语再成功，也难以对品牌形成有效的宣传效果。例如，"钻石恒久远，一颗永流传"这句广告语一度广为流传，但很少有人知道这是戴比尔斯品牌的标志性话语。

不过，有时也不应强行在标志性话语中插入品牌名称，具体还要根据实际情况而定。如果不在标志性话语中插入，也一定在传播过程中将品牌名称和标志性话语放在一起传播，将两者深度绑定。

所谓标志性行为，则是指品牌IP进行传播打造的时候，那些最具话题性和传播势能的爆款事件。

我们可以将标志性行为看作是一个"梗"，无论是罗永浩的砸冰箱事件，还是褚时健80岁种橙子事件，抑或是老干妈在国外身价倍增事件，都属于经典的标志性行为。

此外，创始人本身也可以成为品牌IP的核心，例如董明珠对于格力、乔布斯对于苹果、陶华碧对于老干妈等。

◆ 品牌 IP 表达层：品牌 IP 立体化的分发体系

品牌 IP 化打造的最外层叫作品牌 IP 表达层。在互联网语境下，品牌 IP 作为超级内容源，必须持续进行有网感、有质感的内容输出，这样才能高频有效地和目标用户交流情感，维护用户的高黏性。

除了持续输出高质量内容外，品牌还需要为自己发声搭建相应的媒体矩阵，通过立体化的分发体系进行高效传播和推广。此外，品牌还可以策划营销事件，不停营造品牌热点，以宣传品牌文化。通过多维度的链接，和目标用户建立起多维度的联系，在持续互动中不断拉近品牌和用户之间的关系，提升用户的活跃度。

总体来说，品牌 IP 表达层主要包括四个关键要素，分别是内容、媒体、事件以及社群。

1. 内容

在品牌 IP 化的成长过程中，持续的内容输出起着重要的驱动作用。尤其是在社交媒体时代，品牌要想吸引用户的主动注意，让大

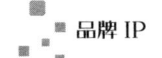

众自发地谈论、传播自己，就必须具有超强的内容力。

在输出内容的过程中，品牌需要注意以下三点：

（1）用情感与消费者对话

随着经济的飞速发展，用户在消费时对于产品的关注点早已从生活需求升级到了价值需求。品牌在输出内容时，不能一味简单地给消费者灌输思想，试图强行让消费者认同自己的产品。这种洗脑式营销不仅达不到理想的宣传效果，还容易因为过于生硬而招致消费者反感，得不偿失。

在输出内容时，品牌必须从消费者角度出发，认真揣摩他们的心理感受，专注产品质量和服务，并围绕产品和服务提炼出内容。在此基础上，再通过营销手段赋予品牌内容情感和故事性，打动目标用户。

有效的内容输出可以创造和引发消费者的共情和同理心，帮助品牌和消费者产生联系。一旦消费者对品牌文化产生共鸣，就会认同品牌价值，自觉和品牌建立社交联系。

（2）捕捉热点，创造有价值的内容

每天市场上都会出现无数热点，如果及时捕捉热点，就能成功"蹭"到流量，使企业的品牌和产品迅速得到关注和传播，极大地节省宣传费用。

每当热点话题出现时，人们的注意力都会集中在热点上，对热点相关内容的包容性会很强，此时正是品牌打响或升级自身产品的绝佳时机。因为热点话题中的内容主体已经确定，也成功吸引了大批围观流量，所以这时品牌需要做的就是借势宣传。只要根据实际情况对市场稍作延伸和演变，就能吸引大量关注，让潜在用户快速和品牌产生共鸣。

（3）绝不偏离品牌调性

每个品牌都有专属的价值观，这种价值观也被称为品牌调性。品牌调性是品牌经过漫长时间积累和营造出的文化，也是用户忠于品牌的关键所在。因此在输出内容时，企业必须紧扣品牌文化，保持和以往的风格和理念相一致，不要偏离品牌调性，否则极易翻车，导致品牌形象受损。

2.媒体

随着网络技术的飞速发展，人们每天会接收到越来越多的信息，获取信息的渠道也越来越多。信息的传递与接收已经开始进入碎片化甚至粉尘化时代，在这种时代背景下，不管你的内容做得多好，要想将这些好内容传播出去，就必须构建立体矩阵化的媒介组合。

对传统的大众传播媒体来说，要想打造高强度的传播效果，就必须通过媒体的密集分发来实现，也就是通过将同一句话重复讲一万遍的方式，来进行饱和式冲击。在进行IP化传播的过程中，要想达到高强度的传播效果，也要将一句话重复讲一万遍。不过与传统大众化传播不同的是，互联网IP化传播的新阶段是让一万个人用N种方式将一句话讲一万遍。这就需要有持续且多维度的内容生产，才能维持输出。

3.事件

事件是品牌IP捕捉热点、引发话题的重要方式。在互联网语境下，品牌要想成功IP化，就必须不断进行事件营销，使品牌变得有温度、有性格，并在大众中以活跃的姿态出现，这样才能不断吸引消费者关注，从而持续聚集传播市场。

杜子建曾一度被称为"微博营销之父"，2016年，他在推广自己创立的白酒品牌时，就围绕"老杜酱酒"谋划了多个营销活动。

首先，他将自己的产品预售放在新书《恨爱》后面，先蹭一波自己的新书热度，然后通过免费试喝的活动进行宣传。在早期宣传期间，杜子建还不断在微博上向博友征集商品的品牌名称和LOGO，还上传多个设计稿请大众进行评选，让更多人参与互动。其次，专家鉴定和证明自然也不能少，杜子建还展示了各大调酒名家的测评，来为自己的产品质量背书。在正式销售后，还进行各种转发晒单刷屏，展示自己的售后能力。

在众多活动中，有一个事件至今让人津津乐道，那就是杜子建谋划的诗句接龙活动。当时为了宣传产品，杜子建在微博上晒出一句诗——"我有一壶酒足以慰风尘"，邀请全国各地的用户们接后面两句，引发了一阵接龙热潮。该事件也一度成为当年互联网的标志事件。

4. 社群

要想实现核心用户触达和强互动，构建品牌社群是极为有效的途径之一。品牌社群可以让IP化内容不断发酵、衍生，甚至成为一种亚文化存在的发源地。就创新扩散的角度而言，所有新产品、新事物从产生到流行都与初始使用者和早期意见领袖的带动息息相关，而品牌社群正是联结先驱消费者、早期使用者的最佳平台。

总之，品牌IP化是一个不断输出表达、不断与用户沟通互动，甚至吸引大量用户参与创造的过程。品牌IP化的成长逻辑才刚刚开始萌芽，四维模型理论也只是品牌IP化的底层逻辑方法论之一。笔者相信随着时代的发展与变化，品牌IP化建设的理论和方法论将不断发展和更新。

◆ 案例分析：美团袋鼠耳朵"四两拨千斤"的品牌IP化办法

随着传媒生态的变化发展，越来越多的品牌开始走上IP化之路。然而开发IP并非易事，有时企业即使花费了大量时间和精力，也难

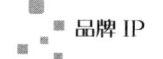

以达到预期效果。

某知名的日用品品牌，就曾大张旗鼓地在微博、抖音等各大社交媒体推出自己的全新形象，还围绕该形象做了一系列内容营销。可惜的是，这些花费大量心血推出的形象和内容与品牌本身关联度不大，风风火火地营销过后，并未让用户对品牌和产品有所改观。一年之后，企业见毫无成效只好将形象改革计划束之高阁，连微博和抖音账号的名字都改了回去。

形象做了，营销也推了，为什么还是不能成功？纵观众多品牌IP化案例，我们可以发现其中的失败情况极其相似。IP化失败的品牌，大多存在以下两个弊端：

①IP和品牌本身的系统关联太弱，仅仅在表面做文章；

②持久性不足，往往风风火火营销了一两个月，很快便偃旗息鼓。

构建场景是产品营销的核心，包括产品体验研发、产品包装设计、线上线下销售渠道、长期持续的营销活动、品牌塑造的文化系统等。在进行品牌IP化过程中，一定要让IP和品牌的核心营销场景密切关联，这样才能省力省钱地达到预期效果。如果品牌只将IP当作外部媒体的内容，不去联系本身的营销体系，那么就算花费再多时间和精力，也很难让IP为自己的品牌和产品赋能。

在品牌IP化的众多案例中，有一个非常有趣的经典事例，那就

第二章
四维结构打造品牌 IP 化

是美团的袋鼠耳朵。下面就让我们来一起看看美团是如何利用袋鼠耳朵，"四两拨千斤"地实现品牌 IP 化的。

其实早在 2016 年，美团就曾对自家外卖员的头盔动了小心思，将头盔设计成袋鼠头的模样。当时的袋鼠头看起来略显复杂，袋鼠耳朵厚重累赘，总之，没那么可爱——这或许是它一直不温不火的原因吧。

然而你以为美团就这样轻易放弃了吗？不！在接下来的四年里，美团不仅没有放弃自己的袋鼠头盔设计，还不断对它进行改良。到 2020 年，袋鼠头盔已经升级成了袋鼠耳朵的样子。新升级的头盔去掉了烦琐的袋鼠脑袋，将设计重点放在了袋鼠耳朵上。这双耳朵做得醒目可爱，还一度因为过长而被网友误以为是兔子耳朵，以至于美团专门出来辟谣，公开宣称自己是袋鼠耳朵不是兔子耳朵。

2020 年 2 月，一条"麦当劳调戏美团"的抓拍视频在网上爆火，美团的袋鼠耳朵也开始受到大众注意。视频中，一个麦当劳配送员和一个美团外卖员在同一路口等红灯，突然，麦当劳配送员被美团配送员头盔上的长耳朵所吸引，在变绿灯之前偷偷靠近，趁其不备偷偷捏了两下袋鼠耳朵，然后就溜之大吉，徒留美团配送员在原地无奈气愤。

该视频在网上迅速流传，不仅登上热搜，还引发了众多衍生创作。有网友将视频中的麦当劳配送员和美团配送员画成漫画形象，因为两人的工作服一红一黄,还被戏称为"番茄炒蛋CP"。

对此,美团的反应速度快得惊人。它快速意识到了这其中的话题价值,开始主动参与互动,甚至在微博上不断撩拨麦当劳官方账号,以表示自己的"记仇"。

起初麦当劳毫无回应,但到了4月,麦当劳开始主动邀请美团和饿了么一起直播,为自家的新品上市进行宣传。三个不同颜色的外卖配送员坐成一排,美团的长耳朵在屏幕里格外醒目,进一步引发了大众的讨论。

直播过后,麦当劳正式宣布和美团组成CP,还晒出了"番茄炒蛋CP"的双人宣传照,而美团也开始公然鼓励大家来调戏自家的袋鼠耳朵,进一步推高热度。

除了营销CP外,美团针对袋鼠耳朵也策划了不少营销活动。7月17日骑手节,美团还推出了加强版的袋鼠头盔。只见美团配送员的脑袋上同时戴了多个袋鼠耳朵,像开花一样。对此,美团还自嘲说这是"人间向日葵"。

此外,美团还在自家APP上上线了官方礼品店,开始出售袋鼠耳朵的系列周边,自称"重新定义耳朵"。据了解,该系列周边包括头盔和发箍,还有多个型号供用户选择,很是贴心。周边的定价极其便宜,最低仅需6.9元,用户就能得到一双"袋鼠耳朵",因此销量非常可观。

第二章
四维结构打造品牌 IP 化

上线周边的同时，美团也开始推出以自家袋鼠耳朵配送员为主角的条漫，与二次元动漫COSER合作，还在袋鼠耳朵上印制各种公益主题，进行推广宣传。

通过"袋鼠耳朵加工厂"的宣传推广，美团成功塑造了具有人情味的IP品牌。一系列的营销活动也让大众对美团耳朵的关注度不断上升，仅微博的相关话题阅读量就高达3.3亿，可谓是全民娱乐。

美团的袋鼠耳朵是一个网友自发参与的经典IP营销案例，不仅接地气、娱乐化，而且成本费用极低，用"四两拨千斤"形容一点不为过。仅仅对自家配送员头盔稍加改良，配上几条有趣的视频，就能凭借巨大的自来水流量完成品牌的IP化，这不得不让人惊叹。

美团这个营销之所以获得如此成功，最重要的就是袋鼠耳朵的IP化与美团自身核心营销渠道的高度联结。作为日常生活中最容易被看到、被接触到的品牌触点，配送员是美团营销体系中最直观的部分。

通过对配送员头盔的设计，美团低成本改造了一个IP化道具，并凭此创造出与众不同的IP化情景。值得一提的是，在进行IP化过程中，美团一直保持着谦虚的态度，经常自黑自嘲，并没有因为自己的IP火了就得意扬扬，这也大大增加了人们的好感度。

总的来看，美团袋鼠耳朵案例后的IP化思维主要有四点：

①在品牌核心营销过程中注入IP，是最省钱高效的方式；

②所有能够与消费者产生直接接触的场景，都值得IP化；

③在进行场景应用时，IP必须遵循有用、有效和有改变三个原则，要将IP用于营销的关键环节，将老场景变成新情景，以提升用户的直接体验；

④坚持至关重要，在开发IP时不要指望初版就能成功，只有耐心地不断改进，才能打磨出最好的版本。

总之，品牌的IP化是一个不断创造情境、加深共情的过程，只有这样才能获得用户认可，实现和用户的深层次感情联结。

第三章

品牌IP化之品牌定位

品牌IP化定位，塑造差异化形象

在流量时代，品牌IP化已经成为企业不得不追随的潮流。打造品牌IP的底层逻辑是营造私域流量，并在此基础上展开更多营销活动。打造IP必须具备以下三个要素：

1. 内容力

所谓内容力，就是可以持续提供差异化内容的能力。

IP内容力有两个核心，一是差异化，二是持续性。也就是说，IP所提供的内容，必须是原创且有差异性的，此外，IP的设定必须有足够的留白，确保未来可以在此设定上持续不断地生产新内容。

一个IP，如果没有原创和差异性，就不会诞生，如果不做足够的留白设定，就没有长久的生命力，必然会日渐式微。

2. 人格化

IP必须有独特而鲜明的人设与性格，这样才能具有差异性和吸引力。因此，品牌在打造IP的时候，一定要将IP当成一个人来设定，注意完善IP的人格和三观，这样IP诞生后的言谈举止才能有法可依。

个性鲜明的IP往往属于亚文化的典型，很容易吸引用户形成亚文化族群。它们大多来自亚文化，因为泛文化环境难以产生尖锐的人格和鲜明差异的精神主张。很多企业在设计IP时，喜欢从泛文化角度出发，期望能凭借泛文化吸引更加广泛的受众，结果反而使IP个性模糊，无法具有长久的吸引力。

早在古代就有IP的亚文化表达了。例如灰姑娘，讲述的就是平凡少女因为美丽善良实现公主梦的亚文化，而阿凡提则讲述了弱者凭借聪明智慧战胜强敌的亚文化……古往今来，优秀的IP，大多具有亚文化的鲜明个性。

3. 参与感

所谓参与感，就是能和用户互动起来，以此带来内容共创和情感体验的能力。

企业在创造一个IP时，必须设定好互动平台，以便和用户进行沟通交流。如果只有单向的倾诉，是无法让用户积极参与的。只有让用户参与进来，才能实现内容共创，同时让用户有更强的参与感和立场感，大大提高用户对品牌的忠诚度。

要想成功打造IP，第一步要做的就是定位。

众所周知，定位对于品牌的重要性，其实对于IP来说也一样。无论是成功的IP还是成功的品牌，大都有一个强大而独特的定位，只不过品牌的定位主要是脑智定位，以理性为主，而IP的定位大多是心灵定位，以情感及潜意识为主。

品牌若没有独特有力的定位，是很难长期发展下去的；IP若是没有吸引眼球的定位，也难以长期延续成长。作为IP的起点，定位意味着战略和方向，不仅是品牌后续进行宣传策划的指南针，更是在实现差异化和人格化过程中必不可少的重要工作。只有准确做好品牌IP定位，才能顺利进行后续环节的指引工作。

比起努力，选择往往更加重要。品牌IP的定位就像人的职业选择一样，有时一个人选择从事的行业要比其所具备的能力更加重要，即使能力一般，只要选择一个好的行业，赶上流量风口，就会轻而易举地获得成功。在人生中，我们的每一次选择都会决定自己的命运，而对品牌IP而言，定位则是决定成功与否的因素之一。好的定位是IP成功的一半，定位能直接影响IP的后续发展和命运。

成功的IP必须有清晰独特的定位。IP定位的本质是建立差异化竞争，通过在潜在用户群体的心智中实现差异化，使自己在同类竞品中显得独树一帜，从而获取更多关注。这种定位不是让品牌从零开始创造出一个全新的、陌生的东西，而是让品牌尽自己的最大努力，改变那些在用户脑海里已经形成或存在的物品概念，将早已存在的联结重新联系到一起。

要想改变用户心中的固有概念，品牌在定位过程中就必须对目标用户和市场需求进行重新思考和分析，以便及时发现商机。从某种角度来看，与其说这个过程是"定位"，不如称之为"重新定位"。毕竟潜在用户的需求无法靠品牌去创造，品牌能做的只有重新发现和定义。

若是用射箭来打比方，就是不要先画靶心，然后想方设法去让箭射中靶心，而是先去射箭，当箭射出去以后，再根据箭射中的位置去画靶心。箭射中的位置就是潜在用户的需求，而靶心则是品牌推出的产品。不要在做好产品设计以后再去考虑用户需求，而要事先针对用户需求去设计产品。有的品牌在设计产品时仅凭一时灵光，等要销售时才开始急匆匆地进行市场调研，努力将产品和用户需求相贴合，这无疑是十分失败的做法。

需要注意的是，进行品牌IP定位其实是一项系统工程，在定位过程中，不仅要承袭以往的品牌基因、延续之前的品牌风格，还要深刻了解目标用户群体、敏锐洞察时尚潮流、准确研判竞争对手，在以上基础上再瞄准空白和差异点，制订合理的战略计划。

此外，在做品牌IP定位时，还要把握好品牌与IP之间的关系远近。如果品牌与IP之间的关系太近，那么IP能演绎的空间就极为有限，而且将来对品牌起的反哺作用也会大大减弱；但若品牌与IP之间毫不相关，又不利于品牌的亚文化建设和粉丝经营。如何把控好两者关系的远近至关重要。

品牌 IP

企业在运营 IP 的时候，一定要形成一个正向的反哺闭环。正确的运营行为每次都能给 IP 增加粉丝的反哺，若是每次行动后都让 IP 减粉，导致 IP 资产被消耗或透支，那就说明你的运营行为出现了一些问题。

通过对各大 IP 品牌的研究分析，我们发现所有成功的 IP 定位都有四个核心要素，分别是情感定位、故事原型、角色定位和符号原型。无论是动漫、影视、游戏，还是个人、品牌、文化，只要涉及 IP 定位，这四个核心要素必不可少。

情感定位 IP：品牌 IP 化先从情感定位开始

所谓情感定位，是指品牌 IP 能够引起用户共鸣的情感共振点，例如猪八戒的"懒惰"，哆啦 A 梦的"万能"，以及漫威的"英雄主义"。这些情感共振点就像一个个锚，锚定在人们心中的某个位置，格外牢固。即使你多年不看猪八戒，也会条件反射性地一看到猪八戒，就想到懒惰，甚至一提起懒惰，就想起猪八戒。

例如，哆啦 A 梦的忠实粉丝里，就有不少人是长大之后才接触这个故事的，但这丝毫不影响他们因哆啦 A 梦而引起对童年感受的强烈共振，因为许多人的童年都像大雄一样，有各种各样难以实现的愿望，所以也想要一只万能的哆啦A梦来帮助自己。

所有能映射到用户内心引起共鸣的画面，都可以看作情感的共鸣点。而情感本身又包括三个层面，由浅到深分别为情绪、情感以及情结。IP的情感定位是一个由浅入深的过程，需要先画出画像模型，然后根据模型从故事、符号、角色等方面进行深入调查，情感定做得越深入，能量就越强大持久，越不容易受到外界干扰。

1. 情绪

情绪是最浅层的情感共鸣点，也是用户在接触品牌IP时最容易感受的部分。只要用户通过社交软件或平台看到故事广播，就能轻易触达到脑内的轻微触发点。

情绪来得快，去得也快，容易被触发，也很容易消退，必须靠不断地增加阈值来刺激受众，但当阈值达到一定程度时，就会让人变得麻木无感。

在建设品牌IP过程中，情绪是必不可少的情感共鸣点。打造一个成功的IP，离不开广泛而浅层的情绪共振，不过其长远发展还是取决于IP定位是否足够情感深层。

2. 情感

与情绪相比，情感更深层次一些，也更自我一些，因此也常被称为"自我情感"。情感是一种能够被自我认知的情感定态，它的概念较为清晰，像爱、独立、自信等都属于情感概念，大部分较为成功的IP都是这种定位。

3.情结

最深层次的情感共鸣点是情结。从心理学角度来说，情结是由潜意识及集体无意识组合形成的某个"结"，是观念、情感、意象的综合体。因此，情结不仅包括情感，还有一定的意象表现，而这与成功IP的特征十分相似。

情结需要一定时间的积累。例如，流氓兔这一IP在被大众熟知之前，只是一个卡通形象，但随着时间的流逝和视觉的传播，这个卡通形象会被贴上"萌贱"等标签，这些标签属于情结定位，虽然难以具体言说，但能给人十分强烈的感知。

所有情结的核心都遵循某种共通的经验模式，该经验模式被称为原型。总体来看，情结原型大致分为以下几种：

（1）色的情结

所谓色的情结，也就是"性"，作为人性最基础的本能之一，能给人极大的触动和感染力。无论是什么时代、什么地域、什么民族，都会被"性感"所吸引。例如玛丽莲·梦露，就是风靡的性感偶像，而唐伯虎、韦小宝，则是经典的风流浪子形象。

需要注意的是，IP的情感定位往往讲究独一无二。一旦某个性感偶像或风流形象抢先上位，其他角色就难以通过类似定位获得人们青睐，必须选择其他风格，抑或选择不同的媒体介质或表达方法，蜡笔小新就是经典的创新案例。从某种角度来说，蜡笔小新是将成年男人的性及无赖意识以孩童的天真方式表达出来，不仅可以舒解性本能天然给人造成的焦虑不安，还不容易触发不良行动。

（2）懒的情结

"懒"是人类最本能的情感表现之一。在进化过程中，人类的爬虫脑和哺乳脑为了保护主体安全，会下意识地让人尽量少行动、多休息，以节省体力、减少冒险概率，这就催化出了"懒"这一人之天性。

在IP作品中，人们也会情不自禁地关注具有"懒惰"属性的角色。无论是"懒跩"的加菲猫，还是"懒萌"的懒羊羊，都有不少忠实粉丝。

（3）傻瓜情结

"傻瓜""愚者"更能表现这类情结原型的魅力。所谓大智如愚，"傻瓜"主角虽然看起来笨拙，但极其贴近人类本性，要么具有强烈的萌感，要么触及世界本质，打动人性。

"熊本熊"就是一个足够"傻瓜"的IP形象，但它本身的卡通熊型和拟人化动作塑造了完美的反差萌，因此深受大众喜爱。和"蠢萌"的熊本熊相比，电影《三傻大闹宝莱坞》的主角形象就是大智若愚的经典代表，虽然看起来和世人格格不入，但身怀至理，发人深省。

（4）热血情结

人类成长过程中，难免会有青春热血的体验，因此"热血情结"题材的IP作品一直长盛不衰。

无论是《灌篮高手》还是《圣斗士星矢》，都是备受欢迎的热血类作品，也是一代人心中的经典回忆。

（5）反叛情结

既然有"热血情结"，自然也会有与之相对应的"反叛情结"。暗黑、颓废、嚣张、霸道等反叛情结作为反文化非主流，往往能吸引大众注意。

小丑和伏地魔就是反叛情结的经典反派人物，他们凭借独特的人物魅力，深受大众喜爱。

（6）超能力情结

在现实生活中，我们有太多难以实现的心愿。每个人都幻想过自己有朝一日能够获得超能力，成为人群中独特的存在。众多形象的超级英雄，就是人们心中"超能力情结"的经典代表。

（7）搏斗情结

早在远古时代，原始人类就为生存与野兽进行搏斗。这种关于搏斗的记忆存在人类的集体无意识中，也让"搏斗情结"成为人类与生俱来的本能。

迄今为止,动作题材仍然是电影制作的热门。动作片之所以深受大众欢迎,与"搏斗情结"有直接关系。

(8)逗比情结

在人们的潜意识中,往往存在着一种恶作剧能量,因此"逗比情结"也格外受人欢迎。

在"逗比情结"中,一般存在以下四种心理能量:

①切割膨胀的自我,将其转变为不同的小块碎片;

②戳穿愚蠢和虚伪,揭露面具后的真实;

③假借恶作剧和口误来做重要提醒;

④通过人物心理的呆滞、失调和荒诞,进行正面形象转化。

"逗比情结"通常以小丑、滑稽的故事方式呈现,而逗比式角色往往是影片中的必备配角。例如《怪物史莱克》中的驴子,就是一个经典的逗比配角。

(9)宠伴情结

早在远古时代,人类就已经开始驯服动物,狗就是人类驯服狼群的产物,不仅可以帮助人类生活和对抗危险,还能给人类提供陪伴和感情服务。"宠伴情结"源于人性中对于非人类伙伴的信任与需要。

"宠伴情结"很容易诞生超强IP,从加菲猫到皮卡丘再到哆啦A、梦，无一不是具有超强人气的IP。和从前相比，这些新型宠伴往往被赋予新的童话能力，可以帮助主人克服难关，实现种种人生成长。

故事定位IP：定位原型化故事在基本人性点上

在打造品牌IP过程中，除了情感共鸣外，故事定位也至关重要。品牌IP只有在基本人性点上定位原型化故事，才能通过具体和细节的场景化故事获得长远的生命力。

所谓原型故事，就是在人性的基础上进行故事定位，表达成长、安全感、帮助、性、暗黑、萌贱等关于人性基本感情色彩的故事。原型故事可以跨越民族、国家、文化壁垒，具有强大的赋能力量。

越是定位在人性发展的母命题创作的IP，越有可能成为强大的IP。例如，全球闻名的《哈利波特》，其本质就是一个孩子从童年进入少年和青春期的成长史，属于人性发展的母命题，因此具有强大的文化力量。与《哈利波特》相比，《鬼吹灯》等盗墓故事虽然情节精彩、脑洞大开，深受读者欢迎，但主题是成年人为了发财的寻宝故事，文化力量和IP价值远逊于《哈利波特》。

《鬼吹灯》的故事也有原型，那就是夺宝，但其背后的母命题缺乏更多人性底层的设计，无法像《哈利波特》一样充分体现人性的成长和自我实现，过于功利化和社会化。同样都是寻宝故事，《海贼王》的故事立意就要深刻得多。《海贼王》包含青少年成长和完善的人性母命题，因此不仅IP力量更为强大，也更容易全球化，能冲破地区、民族、文化等限制被更多人接受。

此外，《哆啦A梦》背后的人性母命题是寻找仙女和帮助，作为能帮你实现童年所有愿望的万能助手，哆啦A梦是青少年足球梦想的符号。也正因为此，它才成为经得起时间考验的强大超能IP。

相比上述社会化故事，品牌的原型故事所产生的力量更大，尤其是与创始人相关的故事，可以与品牌相融合，助力品牌成为强大的IP。

如今市场上有不少品牌开始采用故事化定位策略，以创始人的热血和创业初心打动受众，营造创始人个人IP，然后再将创始人个人IP故事与品牌相融合，小米科技雷军和锤子科技的罗永浩就是经典的创始人个人IP案例。

在碎片化、圈层化的互联网时代，即使再小的个人IP，也能发挥自己的作用，形成专属的小圈层，起到一定的促销力量。而随着直播和短视频场景的普及，创始人个人IP在企业营销中的作用日益强大。无论企业家多不适合上镜，只要这个品牌是他亲手创立的、产品是他亲手打造的，他亲自卖货就能自然而然地具有极强的感染力，因为他在品牌创立和产品打造过程中付出过心血和精力。

著名营销创意人陈格雷曾经表示："在未来，个人IP必会与品牌IP、产品IP一起，成为新时代企业IP化营销的铁三角。而在这铁三角中，个人IP的人性、真实性、亲切化特性，是其他IP做不到的。"由此可见，创始人个人IP多么重要。

要想打造成功的创始人个人IP，就必须做好情感定位、世界观、角色、故事和符号设计，其中创始人故事是重点。能成为强大个人IP的品牌创始人，一定是靠故事取胜，而不仅仅在于形象。品牌创始人和普通网红或明星不一样，普通网红或明星的人生经历较为简单，甚至有时就像一张白纸，所以可以先进行情感定位，也就是打造人设，然后再尽力往人设上贴合。而品牌创始人的人生经历非常丰富，必定经历过种种困难挫折，是有故事的人，比起刻意营造人设，更适合直接讲述故事，这样更加自然生动。

需要注意的是，并非所有的故事都能打造个人IP。个人IP故事需要有高度的共情能力，而越是高大全的故事，就越难让人共情，也就越难成功打造个人IP。凡是脍炙人口的创始人故事，其背后都有可以打动人性底层的故事原型。综合来看，成功的创始人故事背后，大体有以下三种故事原型：

（1）对抗巨人

很多品牌创始人之所以能成为个人IP，就是因为他们不断强调自己在对抗某种强大的外部能量。这种情景下，品牌创始人故事自然就成了天真有梦想的小人物不断对抗强大巨人的故事。

每个人心中都有想要突破的恐惧，在对抗巨人的故事原型中，巨人就象征着我们的恐惧，因此挑战巨人可以引起大家的共鸣。例如，小米科技创始人雷军，在建设品牌过程中，就一直强调自己想打败苹果，产品营销也处处对标苹果，以至于一度被众人戏称为"雷布斯"。在这里，苹果品牌就是雷军这个小人物要对抗的强大巨人。在品牌起步阶段，这种不知天高地厚的故事诉求很容易得到人们的关注。

其实，乔布斯在创立苹果品牌时，也做过和雷军类似的事。他曾经不顾周围人的反对，一意孤行推出了经典的《1984》广告片，以强调自己是在和当时的巨无霸品牌IBM对抗。这类小人物对抗巨人的故事定位在战斗这一基本人性之上，容易激发人们的好奇心和同情心，吸引主动关注和围观。

需要注意的是，在这个案例中，巨人只有足够真实，才能产生强大的信服力和持久力。

（2）悲情英雄的救赎

成功毕竟是少数人的狂欢，挑战巨人的小人物所要面对的，大多是失败。但这种失败并不意味着个人IP的失败，而是能够另辟蹊径成就新的个人IP，这种个人IP的故事原型就是悲情英雄的救赎。

悲情英雄的救赎指的是主人公成为失败的悲情英雄，但仍坚持自强不息，试图努力通过奋斗实现自我救赎。这类故事原因也具有强大的情感打动力，可以激发人们的同情心，促使人们支持悲情英雄的救赎行动。锤子科技创始人罗永浩负债6亿直播还债，就是经典的悲情英雄的救赎。

需要注意的是，在悲情英雄的救赎故事中，主人公必须有足够强大的个人信念，此外只有悲情还远远不够，更要注重救赎转化。

（3）寻找宝物的人

寻宝是人类经典的故事原型之一，在品牌创始人故事中，宝物就是"企业家的使命、责任或任务"。然而并非所有企业家的使命和任务都能成就个人IP，很多企业家的使命不够杰出伟大，甚至一心只想赚钱，这自然无法感动大众。

最能成就品牌创始人个人IP使命的往往是"改变世界"，也就是所谓的"让世界变得更美好"。但这不能是一句空话，必须要有实际行动去支撑，哪怕还没实现理想的结果。例如，万科品牌创始人王石，除了投资房地产外，还多次攀登珠峰朝圣，因此打造了一个极具超越特色的个人IP。此外，好利来蛋糕创始人罗红除了企业家的身份外，还爱好探索非洲动物奇境，拍摄了不少极为出色的野生摄影作品。

◆ 角色定位 IP：在人性情感层级中进行角色定位

品牌IP角色定位与故事定位息息相关，其中IP角色是指故事的核心角色。角色定位是打造品牌IP的基础工作，只有做好角色定位，品牌才能创造吸引人的IP角色，让消费者和品牌、产品之间产生强烈的情感联系。

好的角色必须立体，这就意味着角色只有定位于情感层级和人性原型中，才能具有标示性。凡是流行的当红IP，不管是动漫中的卡通形象还是品牌物化出的形象标签，在故事原型中都会深入触动用户潜意识，留下让人难以忘怀的人格印记。

打造好的角色定位可以从以下三步入手：

1. 角色类型选择

不同的角色类型会给人带来不同的情感价值，从角色与人的情感关系角度来看，IP角色类型主要有两种：

（1）自我投射型

所谓自我投射型，是指能让人们代入自己的类型。这类IP角色

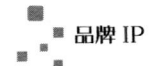

代表人们的某种向往和欲望,通过"想成为这样的"或"我就是这样的"表达引发情感共鸣。

自我投射型角色往往性格单纯,能够让人们在代入过程中得到提升和满足。例如,漫威的众多超级英雄,就能满足人们内心的英雄情结。

在品牌化IP过程中,也有不少自我投射型角色定位,江小白作为一个典型自我投射的人格化IP,通过产品包装和宣传上的大量语录,不断强化自我表达,加固人们的自我投射。

在创作自我投射型角色时,必须注意以下几点:

①角色必须有由弱变强的成长过程;

②角色必须有辨识度明显的形象和名字,方便记忆;

③角色必须有明确的价值观和态度;

④角色必须有典型的生活状态,方便人们自我代入。

(2)宠物伙伴型

所谓宠物伙伴型,是指能够陪伴人们的伙伴类型。这类IP角色能引起人们的拥有欲望,让人们"想要拥有"或觉得"这是我的好伙伴"。

宠物伙伴型角色能够给人们带来帮助和陪伴的愉悦,例如童年的万能助手哆啦A梦,小志的最佳拍档皮卡丘,以及又懒又肥萌态十足的加菲猫,都是备受欢迎的经典角色。

除了影视和动漫外,表情包中也有不少典型的宠物伙伴角色IP。

在国产品牌中，较为成功的宠物伙伴型角色IP当数三只松鼠。这三只古灵精怪的小松鼠，不仅萌态十足、引人喜爱，而且极好地贴合了品牌名称和性质。

成功的宠物伙伴型角色必定是戳中人们生活中某种不足的痛点，可以给人们提供帮助或陪伴的。在创造宠物伙伴型角色时，必须注意以下几点：

①比起拟人，更要注意保持一定的宠物特性，避免角色完全人格化；

②宠物的功能性至关重要，必须有明确的任务或使命；

③宠物的人生观和价值观不必过多设计；

④做好宠物和人之间的互动设计，这样才能增强感情联系。

2.角色三观设定

只有设定好IP角色的三观，才能确保情感价值的实现。

需要注意的是，这里提到的三观并非我们常说的人生观、价值观和世界观，而是针对不同角色类型更为具体的三观概念。

（1）自我投射型的三观：个性、信念、世界观

自我投射型角色具有完全的人格化特征，因此要注重塑造其独特的个性信念，还要具体设计角色生活在什么样的世界里。

以阿甘为例，作为经典的愚者形象，阿甘的个性憨厚耿直、信念单纯坚定，世界观则是由女孩珍妮告诉他的一句话："Run！

Forest run！"这句话贯穿影片的始终，也成就了阿甘充满传奇的一生。

自我投射型角色往往依靠自己的个性和信念去解决问题，而世界则是角色闯荡的场景。

（2）宠物伙伴型的三观：特性、使命、情境观

和自我投射型角色相比，宠物伙伴型角色不需要完全人格化，因此更注重对其特性和使命的设计，注意思考角色能够创造什么样的独特情境。

例如哆啦A梦，其特性即是具有神奇超次元口袋的未来机器人，它的使命很明确：受到未来的嘱咐，要帮助大雄摆脱困境。在哆啦A梦的帮助和支持下，童年的大雄不断实现了自我成长，这就是哆啦A梦作为宠物伙伴所创造的情境。

宠物伙伴型角色往往通过自己的特性去完成使命，让情景因为他们的出现而发生改变。

3.角色情感定位

品牌在创造角色时，要尽量让角色的形象靠近潜意识化情感，这样才能使角色拥有更大的能量，让人们因为本能自发地接受并喜爱它们，甚至摆脱意识的限制进一步成为超级文化符号。所有强大的IP角色都能通过潜意识化的情感锚定而获得全球化不分国界的长久喜爱。

综合来看，潜意识化情感主要有五种：萌、燃、丧、拽、呆。这五种情感是从潜意识深海中涌出的原生情态，与高兴、难过等糅合理智及逻辑的显意识中层情感不同，属于直觉本能下的底层情感。

简单来说，所谓"萌"就是小巧天真，因不成熟而让人觉得需要呵护的情态；"燃"是潜意识中的正能量，富有激情，能够鼓舞人心；"丧"是"燃"的反面状态，是一种颓废自弃的忧伤；"拽"作为另一种强有力的潜意识能量，代表傲娇、高冷、特立独行等情态，容易引发人们喜爱；而"呆"则是"拽"的反能量，作为潜意识蛰伏时的情态，随时可能转化。

品牌进行角色情感定位时，需要注意以下几点：

①潜意识不受显意识控制，面对这种自由存在，只能尽量去追随，然后通过感觉去设计；

②一旦确定好情感定位，一定要找到与情感定位相契合的画师，不要强行匹配不适合的画师，这样才能获得最佳形象外观；

③进行角色情感定位时可以调配的情态不止一种，不要只困在单一的情态中，要综合选择和搭配，创造出专属有特点且符合定位和三观的角色；

④角色形象必须具有鲜明的特性，这样才有足够的辨识度，然后再有目的地不断加强特性。

总之，创造IP角色是为了使角色与人有创新的情感联系，通过全新的包装和设计，使原生情态不断产生新的情感价值。

◆ 符号定位IP：独特辨识度和简洁可延展性的符号原型定位

在进行品牌IP定位过程中，品牌IP的符号输出也十分重要。符号输出是品牌IP在视觉呈现时的核心部分，必须在LOGO层面就做好最基本的突出工作。

所有强大的IP，最后都是以符号的形式在各个领域呈现出来的。因此在IP孵化初始阶段，就要开始注重品牌IP的符号化，这样才能保持IP的持续性，避免在后续发展中出现问题。

符号定位需要遵循两个准则：一是符号的独家辨识度，二是符号简洁的可延展性。

在现代市场中，我们常常看到这样一些作品：作品内容相当不错、引人入胜，也有一定的人气基础，但是同样的题材有很多类似作品，这些作品不仅角色形象极为雷同，就连风格也十分相似，彼此之间互相争抢受众，竞争极其激烈。

对上述作品来说，最大的问题就在于IP符号的辨识度不够独特，难以打破内容壁垒，无法实现跨次元发展。所有超级IP都有其独特的IP符号，这种IP符号不仅能让核心读者辨识，也能让从未深入接触过作品的陌生人辨识，因此才能让人印象深刻，具有极强的传播力和影响力。

从某种程度来说，没有辨识度就意味着没有自己的独特文化，只能是从众者，无法成为引领者，自然也就难以成为超级IP。每个强大IP的本身也一定是个超级符号，例如天猫的猫、京东的狗以及千牛的牛等。

下面笔者为大家简单介绍几个比较经典的IP符号设计。

以小猪佩奇为例。如果你以为小猪佩奇仅仅是一只普通可爱的小猪，那你就大错特错了。小猪佩奇的设计具有很强的独特符号性，虽然看起来简单，其实里面大有乾坤。

小猪佩奇的符号辨识有三个重点：粉红色、长鼻子以及童真的线条感。只要同时具备这三个要素，就会让人情不自禁地联想到小猪佩奇。

曾经有一部叫作《啥是佩奇》的短片，一度在网络上爆火。在《啥是佩奇》中，爷爷因为孙子一句"过年，我就要佩奇"的无心之言，就此踏上漫漫找寻什么是佩奇的道路，甚至一度做出给猪刷红漆的荒唐举动。最终，爷爷用炉灶和吹风筒，做出了一个史上最具蒸汽朋克风的"小猪佩奇"。

作为电影《小猪佩奇过大年》的宣传片，《啥是佩奇》无疑取得了超乎众人意料的成功，因此引发了不少对于小猪佩奇的讨论。《啥是佩奇》中所充斥的，正是小猪佩奇的符号辨识。正因为小猪佩奇是一只粉红色的猪，才会让爷爷突发奇想做出给猪刷红漆的举动。而爷爷最后拼凑完成的小猪佩奇，也是利用吹风筒创造了一个标志性的"长鼻子"。

类似的经典案例如下：

大白的符号辨识是：白色、胖大充气膜和极简线条；

蓝精灵的符号辨识是：蓝色、群居小人和尖帽子；

皮卡丘的符号辨识是：黄色、长耳朵、腮红和闪电尾巴；

小黄人的符号辨识是：黄色、潜水镜式大眼和胶囊状身体；

熊本熊的符号辨识是：黑色、腮红和呆萌五官；

黑武士的符号辨识是：黑色、面具和阴森恐怖感；

哆啦A梦的符号辨识是：蓝白色、没有耳朵、圆脑袋和大口袋。

总之，要想做好IP角色的形象设计，就必须不断分析和拆解案例。可以先从跟自己相同类型或者平行类型的知名角色开始分析，注意拆解其中的路径和逻辑，但不能就此照搬。毕竟每个人的爆发点都不尽相同，只有发现自己，找到最适合自己的道路，才是最重要的。

此外，品牌在进行IP形象设计时，还需要遵循三个原则：反差、缺陷以及简约。

所谓反差，就是要让符号与众不同，可以从众多形象中迅速脱颖而出，抓住观众的吸引力；所谓缺陷，是指成功的IP形象至少要有一个人格缺陷，毕竟人无完人，太过完美的设定反而显得有距离感，无伤大雅的缺陷反而能使形象更加生动；所谓简约，则是要求IP尽量符号化，方便记忆。

在建设品牌IP过程中，定位是重中之重，因为定位一旦推出就难以在后续修改，遗憾的是定位在实践中往往难以做到位。好的定位必须靠优秀的内容来实现，而内容创作具有极大的不可测性和不可复制性。虽然优秀的品牌IP大都符合定位四要素，但这并不意味着可以通过事前规划完美达成理想目标，只能尽力接近。品牌在建设过程中，也必须做好这样的心理准备。

◆ 案例分析：漫威IP的品牌定位之道

在流量时代，打造品牌IP日益成为各大企业不得不追随的趋势。品牌IP的底层逻辑是构建私域流量，从而开展更多营销宣传。而在打造品牌IP过程中，定位极其重要，甚至有时直接决定一个IP能否成功。笔者以经典的漫威为例，来讲一讲IP的品牌定位之道。

漫威之所以能够获得成功，主要依赖于三大核心策略：选择合适的IP、打造IP品牌以及基于"互联网+"时代特征进行营销。

1. 选择合适的IP

在IP的选择和打造上，漫威的眼光独特而老练。现在国内虽然不乏IP创作，但大多数IP创作仍然处于一味追求粉丝基础大的"爆款"领域。相比之下，漫威选择IP更为理性化，主要遵循以下两个基本准则：

（1）选择适合特定文化背景的IP

用户和品牌之间的感情联系，主要靠用户对于品牌的认同感来维系，而这种认同感的源头是用户对于自我价值的发现。简言之，就是用户认识到自我价值，并在品牌内涵中发现与自我价值的相通之处，才会对品牌文化产生认同。

漫威最著名的"超级英雄"系列IP，就是美国特定文化背景下的产物。20世纪90年代，美国刚从动荡中走出，独立战争、南北战争以及《独立宣言》，都给这块土地留下了难以磨灭的时代烙印。这种烙印不仅成就了美国独特的"邦联制"政治体制，还给美国带来了极度推崇"个人主义"的文化浪潮。通过战争觉醒而获得自由解放的人们向往英雄主义，在崇拜英雄的同时也渴望成为英雄。

此外，漫威公司的策略也与当时特定的时代背景相契合。1939年，漫威公司成立。那时美国恰逢经济危机，失业、破产、通货膨胀，这一切都让人们处于极度的绝望中。就在此时，漫威的"超级英雄"系列横空出世，牢牢抓住了人们的心。每个处于困境中的人，都希望有一个超级英雄从天而降，将自己从困境中拯救出去。就这样，乔·西蒙和杰克·柯比联合创造了美国队长的人物形象，成就了漫威的第一个"超级英雄"。

凭借"超级英雄"系列，漫威迅速打开了美国市场，受到了广大群众的追捧和热爱，并顺势一举进军世界，成为国际性的顶级IP。特定的文化烙印可以帮助IP更快与用户达成共情，以便得到用户的认可与追崇。

（2）选择容易扩展的IP内容

要想扩宽产业链的边界，就必须选择容易扩展的IP内容，IP内容越丰富、世界观越庞大，就越容易围绕同一主题构建有关的子品牌和产业链，通过跨媒介叙事扩大用户群体、不断破圈吸引粉丝，从而使IP产业持续运营下去。

漫威构建了一个极为庞大的英雄宇宙，迄今为止，漫威公司相继推出美国队长、蜘蛛侠、钢铁侠等知名IP角色，英雄设定累积超过八千个，相关的平行宇宙更多达一千个。在同一主题下，庞大的世界观和繁杂的人物设定造就了"漫威宇宙"这一核心概念，而这也是漫威公司的品牌内涵。"漫威宇宙"为漫威公司不断创造子故事、子品牌，有效延长产业链的可能性，在不断扩展新IP的过程中也在不断反哺原有IP，实现可持续发展。

在"漫威宇宙"中，所有的英雄都生活在同一个世界观里。虽然每个英雄人物相对独立，有自己的交际圈，但也与其他英雄人物有交际和联系，就好像彼此不过是住得比较远的朋友一样。不同英雄的故事线彼此独立，但也会相互交集。观众可以通过每个独立故事去了解相对应的英雄人物，但这只是"漫威宇宙"的沧海一粟，要想完整了解"漫威宇宙"，还必须去看漫威系列的其他故事，这就使漫威品牌在受众中具有了持续的吸引力。

2. 打造IP品牌

漫威将英雄系列打造成了IP品牌，并以品牌运营的理念运营相关文化产业，这是它能获得成功的重要原因之一。

（1）跨媒介叙事

所谓"跨媒介叙事"，就是在不同的媒介平台上，叙述一个内容相关联但情节相独立的故事体系，让不同的角色之间产生联系。跨媒介叙事可以丰满故事内容，使人物形象变得更加立体，从而吸引更多的用户群体。

通过跨媒介叙事的运营方式，可以无限延伸IP的边界，让同一媒介聚集的用户被吸引到另一个平台，使IP获得持续的影响力，形成品牌效应。

漫威宇宙的超级英雄们都生活在同一世界观之下，而且所有故事都是围绕"抗争"这一主题展开的。由此漫威推出了一系列的相关文化产品，除了《美国队长》《蚁人》等漫画作品外，还有《蜘蛛侠》《死侍》等电影大片。这些文化产品所阐述的故事彼此既相互独立又有交叉联系，也不断吸引着用户通过各类媒介持续挖掘更多相关故事，不仅大大增加了用户黏性，还能扩展品牌的受众面。

（2）延长IP产业链

漫威通过不断构建衍生产品来延长IP的产业链条。其相关衍生产品主要分为两个部分，一个是线上产品，另一个是线下产品。

漫威的线上产品主要包括游戏、电影、电视剧，最出名的莫过于《神奇蜘蛛侠》《钢铁侠》等漫威电影。至于线下产品，大多是一些电影的相关周边。例如在电影《钢铁侠2》中，就有一个名为托尼·斯塔克的角色。作为知名发明家，托尼·斯塔克在电影中使用或发明的许多产品都被开发成衍生周边，钢铁侠系列头盔就是一个典型。至于更基础的人物海报、鼠标垫、手机壳更无须多说，这些属于衍生层级中较为低端的产品，因为实用深受人们欢迎。

3. 基于"互联网+"的时代特征进行营销

（1）大数据技术精准营销

在互联网时代，大数据技术在营销策略中越来越普及。漫威公司与AIO等大数据营销公司都建立了稳定的合作关系，通过大数据技术，漫威公司不仅可以对关键词内容进行精准抓取，绘制用户画像并有针对性地投放广告，还能在推出电影时有意识地避开潜在竞争对手，选择最佳上映时间并进行票房预测。

除了大数据技术外，漫威公司的营销也很会制造悬念，因此常被人们津津乐道。在电影上映之前，漫威公司会时不时地释放一些片花预告，来吊一吊观众的胃口。值得一提的是，这些片花预告也是根据用户画像有针对性地推送的，由此可见，大数据技术多么重要。

（2）在线跨平台联动营销

互联网时代除了让互联网技术更加普及外，还带来了信息媒介的繁荣，在线跨平台联动营销就是媒介繁荣的产物。小到微信朋友圈和公众号，大到微博、网站以及各大媒体平台，都成为营销宣传的重要阵地。

通过在线跨平台联动营销，漫威可以最大限度地扩展营销接触面，让广告宣传被不同阶层、不同年龄的受众接受。例如，在推出电影《惊奇队长》时，漫威就曾在线上发起过"女生节快乐"活动，而在推出《复仇者联盟4》时，漫威还在上海盛典发起过抢票活动。这些活动都借助了不同的线上平台进行联动宣传，实现了营销影响力的最大化。

第四章

品牌 IP 化之品牌人格

品牌IP

◆ 为什么品牌必须IP人格化

在互联网共享经济时代，品牌IP不仅是最好的流量入口，也是最有效、最核心的营销推广手段。作为一种潜在资产，IP有一个重要的特质，那就是必须具有优质的原创内容，凡是能够进行内容衍生、具有知名度和话题热度的品牌、产品乃至个人，都可以看作是一个IP。

品牌IP通过持续产出优质内容来输出自己的价值观，并利用自己表达出来的价值观聚拢粉丝。只要粉丝认可了品牌IP输出的价值观，就会产生共情，进而信任整个品牌IP极其相关的产品服务。

过去有许多品牌，想要输出价值观念，但苦于信息渠道单一，难以快捷地传达自己的理念。如今随着互联网和新媒体的发展，品牌有越来越多的信息渠道和用户交流，可以在各个平台输出价值观念、树立品牌形象，IP输出就是一个典型的新兴渠道。

在综艺节目《中国有嘻哈》中，就曾出现不少以Rap口播为形式的中插广告。这类广告曲大多呈现出三段式结构特征：先是进行前情回顾，然后自然插入品牌宣传，最后引出节目预告。在每次的 Rap 口播中，不管歌手和歌词有何变化，农夫山泉、麦当劳等赞助品牌都会以相同的唱词和节奏出现在广告曲中间部分的 Rap 桥段，以加深观众对这几个品牌的印象，从而树立方便输出价值的"外在形象"。

从某种程度上来说，品牌存在的目的就是更好地实现沟通价值。品牌代表了某种"承诺"和"关系"，而这就发生在品牌所代表的产品、组织和它们共同的目标顾客之间。如今有许多出色的品牌将自己塑造得宛若真人，有的幽默搞笑，有的严肃正直，还有的深情款款……而这些都属于"品牌人格"的表现。

所谓品牌人格，也被称为"品牌个性"，是指品牌所拥有的一系列人性特色。凡是可以用来描述人格的词语，都可以描述品牌人格。品牌人格不仅包括性别、年龄、社会阶层等人口自然属性，还包括活动、兴趣和意见等人类生活方式，以及热情、关爱、情感丰富等人类标准个性特征。

品牌 IP 人格化是打造品牌概念和树立品牌形象的重要方法，是指通过赋予品牌人的属性与特征，将品牌拟人化，然后通过包装出来的品牌 IP "外在形象"进行价值输出的运营策略。

人格化可以很好地呈现品牌产品在同类商品中的差异化，例如同样都是可乐，可口可乐品牌代表了"快乐和经典"，而百事可乐品牌则代表了"年轻和激情"。当消费者纠结于相似口味应该购买哪个产品时，往往会选择自己更认同的品牌产品。在物资充足的社会，大多数人在进行消费时，不仅购买产品本身独特的功能属性，更在为品牌IP所传达的文化讯息埋单。这种文化讯息可能是某种体验，可能是某种自我态度，也可能是某种对于生活方式的看法……这些文化讯息超越了产品本身的物质载体，是品牌人格化的价值所在。

正如"穿什么就是什么"的广告语所表达的一样，产品仅仅是每个人用来表达自我的工具，品牌才是真正帮助人们表达自我的独特符号。品牌会吸引与其人格相同或相似的人群，品牌拥有的个性不同，其代表及吸引的受众也大不相同。

需要注意的是，人格化也被称为拟人化，主要指将专属于人的品质或者特征赋能到某个事物上，这个事物可以是切实存在的产品，也可以是虚拟的客户端或服务。例如，天猫国际中的"天猫"，就是通过拟人化的方式给"天猫"赋能，然后利用它去联结消费者，持续进行品牌"外在形象"与内在价值的宣传与输出。

现代营销大师菲利普·科特勒曾经指出："一个成功的人格化的品牌形象就是其最好的公关，能够促使品牌与消费者的关系更加密切，使消费者对品牌以及其内在文化的感情逐渐加深。最终，品牌在消费者心中的形象，已经不仅仅是一个产品，而渐渐演变成了一个形象丰满的'人'，甚至拥有自己的形象、个性、气质、文化内涵。"

品牌IP人格化是传统的内容叙事方式被传播语境改变后的必然结果。

随着消费的日益娱乐化，品牌对消费者的单向引导被打破，不得不转换态度，从点对面的传播模式转变为点对点的传播模式。在20世纪八九十年代，互联网技术尚未普及，人们往往需要通过主流媒体来获取信息，以央视为主导的电视台是宣传营销的主要渠道，因此还诞生了"黄金时段"机制。如今随着信息源的增多，媒体环境的去中心化和碎片化特征越来越明显，诸如微博、微信、抖音、今日头条等集社交、内容与分发为一体的线上平台越来越多，竞争也越来越激烈。

虽然头部渠道早已吸纳了大部分流量、占据了消费的主要入口，但无论是线上还是线下，总有头部渠道还没来得及细分的小众市场和消费需求，诸如蘑菇街、小红书等细分电商，都是可供用户选择的消费场景。而品牌IP人格化可以通过对产品的赋能，不受平台束缚，仅凭自主传播就能跨平台获得流量并进行商业化变现。

在人与人沟通的时代，每个人都能成为一个媒体，每个品牌也都要塑造属于自己的IP人格，不仅要学会和每个个体用户打交道，还要学会像人一样进行持续的内容输出，以争取用户的注意力和信任感。

此外，品牌IP人格化也是市场细分的结果。现在的企业不仅要生产和提供商品，还要完成产品的功能性细分，通过深入挖掘消费者在消费时的各个场景和心理，来有针对性地对消费者购买场景和购买心理进行不同的引导、固化与满足，而这也是品牌IP人格化的具体表现形式。

如今消费者越来越重视自己在消费过程中的参与感、体验感和存在感，比起冷冰冰的品牌，他们更喜欢与自己趣味相投、价值观一致并且具有高辨识度的品牌形象，并在不断的交流和互动中形成品牌忠诚度。因此，品牌要想赢得用户的喜爱，增加用户黏性，就必须做好品牌IP人格化。

从"褚橙"看品牌IP化的最高境界 ——品牌人格化

近年来，品牌IP化劲头越发强盛。正所谓外行看热闹，内行看门道。尽管品牌IP化风风火火，但很多对于企业营销不甚了解的人仍然对IP这一概念一知半解。

IP究竟是什么？如何才能做好IP？怎样赋予IP价值？这些都是大家密切关心的问题。下面笔者以"褚橙"为例，一起看一看品牌IP化的最高境界——品牌人格化。

第四章
品牌IP化之品牌人格

褚橙是一种冰糖橙，作为云南特产，具有味甜皮薄的口感特色，因由昔日"烟王"褚时健亲手种植而得名。褚时健曾经是红塔集团的董事长，一手带领着严重亏损濒临破产的红塔烟厂成为亚洲第一，最高年创利润超过200亿元，因此被人们称为"烟草大王"。

可惜好景不长，1999年，褚时健因贪污受贿而入狱，其女儿也在他被调查期间自杀。2002年，因为疾病保外就医回到家乡的褚时健重新开创了自己的事业，一口气包下了2400亩荒山，以74岁高龄开始种植褚橙，重新走上创业之路。

2006年，褚橙团队带着自家产品前往昆明参加展销会，在展销会上，褚橙的销售团队别出心裁地打出一个红底白字的大横幅，上书"褚时健种的冰糖橙"，凭此吸引了众多围观者的注意，一炮而红。这一举动将褚橙和褚时健牢牢绑定在一起，后来褚橙开启电子商务之路，于网上公开发售，在短短一年的时间里，便从农产品市场异军突起，年销售额迅速达到3000万元，甚至被众多企业界名人赞为"励志橙"。

万科集团董事长王石就曾在记者采访中表示，自己最尊敬的企业家不是巴菲特、比尔·盖茨、李嘉诚等全球首富，也不是房地产界的所谓成功人士，而是八旬高龄东山再起的褚时健。

褚橙不仅仅是一个橙子，更是一种精神，凝聚着褚时健锲而不舍的意志理念。作为在褚时健传奇人生的基础上打造出来的水果品牌，褚橙的畅销离不开褚时健的传奇经历和声望。换句话来说，若是离开了"褚时健"这三个字的加持，褚橙顶多算是一种比较好吃的橙子，必然无法成长到现在这个程度。

很多人之所以购买褚橙，不仅是为了体验它汁多皮薄的绝佳口感，更是为了追求褚时健的励志精神。消费者在为这份品牌IP文化埋单的同时，也在潜意识里表明自己想成为像褚时健一样不屈不挠的人。

从某种程度上来说，"褚橙"成功实现了品牌IP化的最高境界——品牌人格化。综合分析"褚橙"走红的全部经过，我们可以得出以下结论：

1.利用产品、文化和传播构建品牌IP化金字塔

品牌其实是以金字塔的形状来构建品牌IP的，其中产品、文化和传播都属于必要因素，缺一不可。有些人认为只要有一个商标、一个标志甚至一个形象，就是所谓的品牌，还有人认为只要企业推出一个卡通动漫形象，就能被称为IP，这两种想法简直是大错特错。

品牌IP化金字塔由产品、文化和传播构建而成，其中产品能够为用户创造独特的价值，是品牌IP的基础，处于金字塔的最底层，文化可以传递品牌的文化理念，作为品牌IP的中坚力量，位于金字塔中层，而传播则能树立品牌IP表层形象，丰富用户感知，位于金

字塔的最顶端。

褚橙之所以能够形成一个较完整的IP金字塔，正是因为它将自己的绝佳口感与褚时健的励志故事联系在一起，通过社会各界对褚时健个人精神的认同形成传播，从而打造了褚橙这个超级IP。

2. 品牌IP化的最高境界是品牌人格化

品牌IP化的最高境界，就是将品牌IP打造成某个时代的历史印记或是某种社会精神，让它具有破圈吸粉、引起大众共鸣的个人魅力，也就是我们所说的品牌人格化。

褚橙之所以能够大获成功，主要是因为褚时健的形象和"励志橙"的内涵极度契合，所以贴着"励志橙"标签的褚橙才有这么高的话题度。

从IP金字塔构成三要素的角度来看，黄金甜酸比冰糖橙的产品是根基，褚时健人生励志故事的文化思考是抓手，而借由企业家、记者以及文化届等在社交媒体上进行的大量转发传播则是一种形象的树立。

褚橙的主要核心在于褚时健本人，褚橙的品牌精神也是由褚时健的励志人生经历而形成的。人格化的褚橙在产品中注入褚时健的励志精神，从某种程度上来说，消费者在购买褚橙时，比起褚橙的实用价值，更多的是为其从精神层面带来的内涵而埋单。

3.IP不仅要有独特性，还要为用户带来价值

褚时健本人跌宕起伏的人生经历是独一无二不可复制的，这也让与其深度绑定的褚橙具有较强的独特性。

此外，褚橙一直坚持为消费者提供优质产品，精选具有黄金甜酸比的有机种植果源，口感上佳，不仅能为消费者提供励志的精神价值，还能给他们带来实用的消费价值。

4.品牌IP化的构建是一个系统过程，而不仅仅是一个营销层面的事情

随着互联网的飞速发展，人们的社交方式、生活方式、交互方式都有了翻天覆地的变化。要想应对这种变化，企业就必须在电商交互的全过程中保持品牌IP人格的一致性，在进行宣传营销时，也要凸显品牌IP的人格特征。

褚橙的推广就极具标签化，这不仅体现在产品功能上对于18∶1的甜酸口味描述，更在于褚橙在精神层面的励志表达。

5.利用五全模式打通产品数据，解决用户和品牌信息不对称问题

要想找到真正的消费者，就要解决用户和品牌信息不对称问题。我们可以将工匠精神带入互联网服务，利用全批次、全项检、全链路、全数据、全平台的五全模式打通产品数据，积极与用户沟通交流，让他们的话语权倒逼产品及服务，以增强用户的参与感和体验感。

只有提高用户的话语权，才能激发和打磨企业员工的工匠精神，并使其成为每个员工秉承的理念和文化。

6.衡量品牌IP是否成功的重要因素

能够跨界且可以变现是衡量品牌IP是否成功的重要因素。成功的品牌IP可以让用户发自内心地热爱，而要想得到用户的喜欢与认可，让他们为自己品牌的产品埋单，就必须做好与用户之间的交流，学会与用户对话。

◆ 品牌IP人格化的六大锚定：视觉、语言、价值、人格、信用、传播力

如今越来越多的品牌开始进行IP人格化打造，IP人格化不仅能够丰富品牌形象，让其更加立体生动，还能拉近品牌和消费者之间的距离促进消费行为。从丁香医生到三只松鼠，越来越多通过IP人格化取得成功的品牌涌现，也带动了更多品牌加入IP人格化大军。

品牌IP人格化塑造的本质是"人"，所以研究好"人设"至关重要。要想打造好品牌"人设"，可以从视觉、语言、价值、人格、信用以及传播力六个维度入手。从某种程度上来说，这六个维度也是

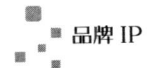

品牌IP人格化的六大锚定。

1. 视觉锚定

我们天然会对有特点的东西有着原始冲动，因此品牌和人一样需要进行外表包装。

要想以最快捷的方式实现人格化视觉锚定，我们可以从拟人化品牌LOGO开始入手。类似的案例有很多，不管是得到的猫头鹰、QQ的企鹅还是蜜雪冰城的小雪人，都属于拟人化品牌LOGO。

在设计拟人化品牌LOGO时，要注意遵循极简、色泽鲜明、强关联度的原则。视觉形象具有一定独特性，不仅方便记忆，更能让用户对品牌加深印象。

2. 语言锚定

语言锚定中的"语言"不仅指文字，更包括声音、图片等能够传递信息的载体。

语言锚定可以极其精准地承载品牌要传递给用户的信息，在如今这个特别注重品牌个性化表达的时代，语言锚定至关重要。

语言锚定的直接表现方式是品牌广告语，无论是小米品牌的"小米为发烧而生"，还是格力主打的"好空调，格力造"，抑或农夫山泉强调的"我们不生产水，我们只是大自然的搬运工"，都是极具表现力的经典广告语。

此外，品牌还需要设计一套专属语言体系，以便在对外传播时展现自己的独特风格。例如，凡客诚品曾经红极一时的"凡客体"，这套带着小叛逆风格的语言体系让凡客诚品成为不少年轻人追捧的对象，让品牌在极短的时间内获得了较高的关注度。品牌要想成为一个合格表达者，就需要出产金句，金句代表了品牌语言体系的高度。

3.价值锚定

价值锚定中的"价值"不仅指商业价值，更包括品牌的社会价值。

所谓商业价值，是指品牌能为消费者提供的产品和服务功能，而所谓社会价值，是指品牌能为社会做出什么样的贡献，更多的是通过公益手段来实现。商业价值和社会价值可以相互成就，因此最好达成双赢局面。

蚂蚁森林就是支付宝打造双赢局面的绝佳策略。用户每在支付宝上消费一笔，就能获得一笔能量，可以在平台的蚂蚁森林中给树苗浇水。浇灌到一定程度，树苗就会长大，可以申请捐给阿拉善基金会，然后由这个基金会在内蒙古阿拉善地区种一棵真树。通过这种方式，支付宝不仅促进了平台的活跃度，更进行了有关保护环境、低碳生活的倡导，给品牌增加了社会公益的价值内核。

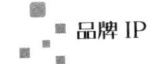

4. 人格锚定

所谓品牌人格，主要指品牌价值观和信念，往往体现在企业的品牌广告语中。人格锚定可以大大提升品牌的代入感，让消费者深入了解品牌内涵，从而引发潜在用户的消费欲望。

需要注意的是，品牌人格必须紧跟主流消费者的意识形态。品牌经常会聘请或设计个性代言人，然后围绕代言人打造一系列营销事件，以突出品牌的个性主张，为品牌注入人格魅力。

当初New Balance品牌在进行宣传的时候，就曾聘请音乐教父李宗盛做代言，通过广告为品牌注入匠心高品质的人格主张。李宗盛入行多年，素来以对音乐的专注和固执著称，而这与New Balance"百年制鞋修行只为追求极度舒适的穿鞋感受"的匠心精神完美契合。

5. 信用锚定

正如诚实是人的立足之本，信用也是品牌的生存之道。品牌在宣传营销过程中，往往会通过产品试用不满意无条件退款来进行信用锚定。

2009年，亚马逊用12亿美元收购了一家鞋类电商网站公司，刷新了美国电子商务史上最高收购纪录。而这家被收购的电商网站公司，正是如传奇般迅速发展起来的美捷步公司。从1999～2009

年，美捷步用短短十年时间就实现了从0到10亿美元的大突破。而美捷步之所以能如此迅速占领市场，正是由于其出名的"3双鞋"政策。

在美捷步，客户每购买一双鞋子，都会收到一模一样的3双鞋，可以在试穿之后留下最合适的一双，然后免邮费退回其他2双。而且在长达365天的反悔期内，只要用户对鞋子有任何不满意，都可以无条件免邮费退换。

"买1双送3双试穿，365天免费退换"，这样的营销策略加持了美捷步的品牌信用，让它迅速提高知名度，每年的销售额也以翻几番的速度迅猛增长。

6.传播力锚定

社会地位越高，影响力越大。该定律应用在品牌上亦如此，因此品牌必须利用社群化来持续增强自身传播力，以提高品牌在消费者心目中的认知。这里的社群可以是不同品牌间的战略联盟，也可以是围绕消费者而建立的同一品牌社群。

如果能够集结不同的企业品牌号，形成传播矩阵，就可以极大提高品牌账号的曝光量，大大节省营销推广费用。围绕消费者建立的品牌社群，则可以增加品牌与目标消费者的接触机会，通过交流互动让消费者深入了解品牌，以提高品牌粉丝忠诚度。樊登读书会就是通过品牌社群做起来的知识付费品牌。

品牌 IP

随着消费时代的不断升级，人们在消费时已经不再满足于对产品功能性的需求，更多的是追求一种精神需求和情感表达，因此品牌IP人格化塑造刻不容缓。通过视觉、语言、价值、人格、信用以及传播力六大锚定罗盘，企业可以实现品牌IP人格化，在为品牌人设赋能的同时为品牌注入新灵魂，使其更接近于有温度、有思想的"人"。

衡量IP人格化的三大标准：标志性的风格、标志性的标签、标志性的梗

作为天然流量池，IP本身就具有极其庞大的粉丝基础和用户市场，自带话题性和传播性，很容易被人们关注和讨论。IP营销是一种新型的营销方式，可以通过裂变传播极为迅速的扩展接收群体，实现破圈宣传。要想实现这种营销方式，就必须做好品牌IP的人格化工作。

在衡量IP人格化过程中，主要有以下三大标准：标志性的风格、标志性的标签以及标志性的梗。

1. 标志性的风格

所谓标志性的风格，主要指品牌IP符号外显后的独特价值和意

义。标志性的风格能够给消费者带来一种潜意识上的认知，大大增强品牌的记忆度。例如，一提到王老吉，人们就会情不自禁地联想到红色；一提到雪碧，人们就会情不自禁地联想到绿色；一提到苹果手机，人们就会情不自禁地联想到极简主义……这些都是品牌标志性风格的体现。

要想打造品牌标志性风格，主要通过包装设计来创造品牌视觉识别。品牌视觉识别可以通过外观将品牌符号传递给用户，帮助他们认知和记忆品牌形象，并在用户心中产生区别于竞品的价值认同。简单来说，品牌视觉识别就是品牌专属的差异化品牌符号。而所谓创造品牌视觉识别，就是以统一、规范的方式将具体的品牌视觉形象组织起来，并应用在与消费者接触的点上。

品牌视觉识别主要由品牌标志 LOGO、品牌标准色、版式以及层次结构等基础设计元素构成，在进行品牌视觉识别设计时，必须使这些元素的个性、价值和品牌保持一致。

在日常生活中，消费者每次通过场景与品牌产生接触和互动时，都会对品牌形成碎片化印象，这些碎片化印象积少成多，就会逐渐形成品牌认知。因此，品牌视觉识别的应用范围极其广泛，从工作到生活的各个场景，都能用来形成品牌认知。

此外，品牌在视觉形象和触点应用的各个层面和媒介上，也都要保持与品牌个性、价值的高度统一，这样消费者对品牌的记忆和印象才能更加深刻。LV的复古印花就是一个经典案例,即使没有看到品牌LOGO,只要看到这种印花,消费者就能立即联想并识别出品牌。

2. 标志性的标签

所谓标志性的标签,是指IP的价值主张。IP的价值主张可以通过广告标语来展现,这也是最能体现IP标志性标签的方式之一。迪士尼就曾声称"迪士尼给人类提供最好的娱乐方式"。这句广告语直白地体现了迪士尼的娱乐属性,简短的语句大大增强了记忆点和传播力。

除了迪士尼以外,还有不少脍炙人口的广告标语。例如小米的"让每个人都能享受科技的乐趣"、格力空调的"好空调,格力造"以及奥迪的"突破科技,启迪未来"等,这些广告标语不仅能直白地传递品牌属性,更展现了品牌的文化和内涵。

3. 标志性的梗

标志性的梗可以是在网络上迅速传播的一句话、一个事件或是一个故事,蓝翔技校就是一个极为经典的标志性的梗。

"挖掘技术哪家强,中国山东找蓝翔。"这句标语本来是用于蓝翔技校的招生宣传,却在无意间走红网络,成为时下十分流行的一个"梗"。由于标语本身突出了蓝翔技校的专业特长,且带上了蓝翔技校的品牌名称，所以相关的"梗"在疯狂传播的同时，也是在给蓝翔技校大打隐形广告，大大提高了蓝翔技校的知名度。

除了蓝翔技校外，网络上还有不少关于品牌活动的趣梗，例如"乌镇每年一次的世界互联网大会""海南的博鳌论坛""你，斗不过我的五菱宏光""世界知名灯具厂的配套企业，以大灯而闻名"等，这些梗因为其本身自带的趣味性，能够在网络上被自发传播，让大众为之津津乐道。然而，对那些没有带上品牌名称的趣梗来说，即使流传再广，也难以直接增强品牌影响力。因此品牌在造梗的同时，也要注意品牌名称的插入。

◆ 品牌 IP 人格化的四种风格：婴儿风、动物风、导师风、虚拟人物风

品牌 IP 人格化是一个品牌不断升级的过程，在这个过程中，企业不断给品牌赋予情感，致力于实现品牌精神的价值化。因此在进行品牌 IP 人格化时，企业必须围绕品牌的文化精神，为品牌设定一个又一个能够让它更加人格化的角色，以便在角色上附着故事，然后让故事产生极大的传播力。

一般来说，企业在设计品牌 IP 人格时，需要遵循以下四种主流

风格，即婴儿风、动物风、导师风以及虚拟人物风。

1. 婴儿风

在进行宣传推广的时候，我们发现婴儿往往更容易得到人们的喜欢。不管品牌产品多么冷冰冰、多么普通无趣，只要将它们和乖巧可爱的婴儿联系起来，就会更具有亲和力。

从生物学的角度来看，这种心态是由于人类繁衍的天性所引发的一种本能喜爱。生命的本质是一种自我复制，因此这种对于婴儿的偏爱可以跨越时间和地域的障碍，不受种族和年龄的限制。无论何种文化，都可以以婴儿为设计模板，来创造属于自己的品牌符号，而这种风格也被称为"婴儿风"。

婴儿风设计的关键在于品牌进行婴儿化的一些设计和包装，这是一种十分有效的品牌IP化策略。我们可以将婴儿形象和产品形象联结起来，以契合婴儿的风格重新为产品设计品牌符号，从品牌包装乃至LOGO形象，让人们一看到品牌相关就能联想到人见人爱的可爱婴儿形象。通过这种方式，品牌就自然而然地将自己和可爱婴儿联系到一起，完成了IP人格化过程。

2. 动物风

人类驯养动物，已经有上千年的历史了。在古代，家养宠物不仅能为我们提供陪伴，更能帮助我们劳动。这种长期的共同生存和互相支持，让动物在人类的品牌文化中形成了有效的符号化记忆，也使许多动物的命名和性格特征深入人心。因此当品牌使用一个类似的动物形象进行宣传营销时，就容易唤醒人们脑海中的群体记忆，然后将这种群体记忆与品牌联结起来。

此外，动物往往是一种情感的代名词，许多动物，尤其是小猫小狗，对人来说具备天生的亲和力，容易形成一种喜欢的情感联结。有些品牌出于产品种类和形象定位等诸多原因，可能不方便使用婴儿风来设计IP人格，此时动物风就是一个很好的选择。

运用动物风来进行品牌IP人格设计时，我们需要注意以下几个方面：

（1）增加人设

所谓增加人设，就是给品牌IP人格进行性格定位。品牌要想上升成为IP，就必须拥有属于自己的故事，这样才能通过故事与用户共情。

（2）加入普遍受欢迎的文化基因

品牌IP人格在进行动物风设计时，也要注意选择人类共同喜欢的文化基因和精神追求，这样才能进一步打动用户。

（3）品牌命名要与动物同步

视觉不仅容易与听觉同步，还会自动唤醒人们的情感记忆，让人们发自内心产生一种亲和力。与动物同步的品牌命名有利于传播宣传，可以拉近人们的记忆，增强品牌传播力。

3.导师风

所谓导师风，是指一种精神导师型的形象设计。这种类型的品牌IP人格是一种相当高的境界，可以引领用户追随其后，让用户建立对品牌的高度信任与崇尚。

导师风的品牌IP人格建立极为不易，因为它要求品牌包装出的这个人格不仅要有极大的公信力，还要有真实能打动人性的故事做铺垫，这对品牌IP故事的讲述要求相当高。

运用导师风建立品牌IP人格时，我们需要注意以下细节：

（1）首选品牌创始人

品牌就是创始人自己一手打造的产物，因此品牌创始人最能体现品牌背后的精神和文化理念，是进行导师风设计的首选。

（2）要有曲折的故事线

作为精神导师，品牌IP人格必须拥有丰富而传奇的人生经历，这样才能吸引更多受众群体。

（3）要有完整的人生观、价值观和世界观

导师风设计要求品牌IP人格必须拥有完整的人生观、价值观和世界观，这样才能提炼出让受众信服的人设元素，而这种人设元素正是品牌IP故事传播的符号性语言。

需要注意的是，以品牌创始人为核心进行的导师风IP人格设计有利有弊。虽然导师风可以让品牌创始人亲自为品牌代言，容易与品牌精神的文化达成一致，促进品牌的对外传播，但这也要求品牌创始人必须频繁地接受媒体新闻的采访，以保持一定的曝光量。许多品牌创始人忙于企业内部事务，很难抽出时间进行个人表达和采访。此外，这种频繁的公开曝光也很容易泄露个人隐私，影响个人生活，因此更适合一些作风高调、愿意成为公众形象的社交型企业家。

4. 虚拟人物风

所谓虚拟人物风，是指直接将品牌IP形象变成一个虚拟的动漫人物。这种虚拟人物和真实人物一样，都可以与受众产生情感联结，而且通过外形和语言设计产生与真实人物类似的情感共鸣。

与真实人物相比，虚拟人物的干扰因素更少，既不会犯错出现道德问题，也不会疲倦衰老，不仅完全受品牌公司控制，风险性极低，而且可以在粉丝心中永远保持最初的完美形象，让粉丝对他的忠诚度一直持续下去。

事实上，婴儿风、动物风、导师风以及虚拟人物风四种品牌IP人格化的风格并非全然矛盾的，有时也可以兼容并包、互相借鉴。例如，在进行虚拟人物风格设计时，就可以借鉴婴儿风的一些特点，让虚拟人物变得更加可爱。此外，虚拟人物风还可以与动物风相结合，进行综合设计。

要知道，每种设计风格都有其各自的价值和意义，企业可以根据品牌宣传的需要来选择。企业要想做大做强，在品牌设计初期就应开始着手设定IP形象，然后围绕这个IP形象进行性格、故事线以及精神内涵的多方面设定。

◆ 品牌IP人格化方法：精神感召、个性表达、角色设定、IP赋能、名人代言

随着社会生产力的高速发展，现代社会物质资源越来越丰富的同时，产品也高度同质化。要想从同质品竞争中脱颖而出，就不能仅凭理性的客观去打动人心，而是通过品牌IP人格化来构建价值认同，以获得消费者的青睐。

有人因为认同产品的功能、耐用度、价格等本体价值而消费；有人因为认同产品的情感、文化、名人效应等附加价值而消费；还有人因为认同品牌的创新、快乐、运动精神等人格价值而消费。

本体价值是为了满足消费者最基础的实际需求而产生的，具有一定的可见性，而附加价值则是为了满足消费者的感性需求而产生的，这种感性需求高于实际需求，包括消费者对美感认同、文化认同、社会认同等感性上的需求，虽然缺乏可见性，但很容易被人感知。至于品牌的人格价值，则是比感性需求更高纬度的精神需求。

第四章
品牌IP化之品牌人格

从某种程度上来说，人格化是最高阶的价值认同。成功的品牌IP人格化形象可以加深消费者对品牌的认同与感情，让品牌在消费者心中的形象不再仅仅是产品，更是一个拥有自己独特形象、个性、气质以及文化内涵的"人"。面对同类商品时，消费者往往更倾向于选择与自己价值观相同的品牌。品牌必须积极创造人格价值，才能获得消费者的认同。

和本体价值及附加价值相比，品牌的人格价值既看不见摸不着，又难以被感知理解。因此要想准确向消费者传递品牌的人格价值，就必须将抽象的人格价值具象化，让它成为一个拥有自己独特形象、个性、气质、文化内涵的"人"来展现人格魅力。品牌IP人格化之后，就能顺利和消费者进行交流与互动，通过自己的人格魅力征服消费者，构建价值认同。

要想实现品牌IP人格化，我们可以从精神感召、个性表达、角色设定、IP赋能以及名人代言五个方法开始着手。

1. 精神感召

虽然精神感召听起来是一个难以琢磨的概念，但它其实根植在每个人的精神世界。精神感召可以是某种思想，可以是某种文化，可以是某种性格，也可以是某种行为方式。它具有强大的凝聚力和感染力，是每个人的心灵归属。

品牌IP人格化的一个重要方法，就是利用品牌的精神感召去表达品牌个性。企业可以选择一种极具凝聚力与感染力的精神感召，然后设计一个具有这种精神感召的IP人格，再将其塑造成品牌的领袖。通过这种方式，品牌可以将自己和这种精神感召紧密联系在一起，甚至成为这种精神的代名词，从而直接影响消费者的精神层面，触碰到消费者的价值观，以至改变消费者的人生信念。

万宝路是在20世纪50年代诞生的美国品牌，当时美国的精神萌芽正在觉醒，代表自由、拼搏、奋斗的美国精神成为美国人的精神感召。万宝路及时抓住了这一精神感召，设计了敢闯敢拼、富有男子气概的西部牛仔人格，很快凭此占领了一部分男士香烟市场。

2. 个性表达

消费者在和品牌建立关系的过程中，也总是将自我个性投射到品牌上，不仅想要看到品牌代表的产品，更希望在品牌上看到更好的自己。因此，品牌所表达的价值观念与消费者的价值观念越接近，就越具有人格魅力，越容易受到消费者的青睐。

品牌IP人格化的第二个方法就是创造易与消费者产生共鸣的个性表达，并赋予到品牌中。这种个性可以是快乐、张扬，也可以是文艺、清新，可以是某个创新，也可以是一种态度或是一种精神。

凡是成功的品牌，大多具有鲜明的个性特征。作为中国酒吧业的后起之秀，海伦司以海伦司女神的形象为代表，表达了自己追求自由的个性特征。在运营过程中，海伦司也秉承小酒馆的减法模式轻车快跑,将用户需求作为首要考虑点,推出自由社交和自由消费的品牌理念,满足了消费者对于"自由"的向往,因此受到众多喜爱。

3.角色设定

正所谓"物以类聚,人以群分"。人类是一种社群性的动物,要想让品牌IP人格化,就必须让品牌像一个真正的人一样,成为社群中的一员,这样才可以融入消费者的日常生活中。

在进行角色扮演的时候,品牌必须思考一个问题,那就是自己究竟要在消费者的生活中扮演什么角色:老师、朋友、亲人、偶像……不同定位的角色会与消费者建立不同的关系,而这不仅与品牌能够给消费者提供的核心价值息息相关,更决定了品牌在与消费者进行沟通交流时,应该采用何种语气和态度。

慕斯床垫品牌中的"外国老头儿",扮演的就是一个国际工艺大师的形象,麦当劳叔叔和肯德基爷爷,则往往以孩子们好伙伴的形象出现,至于电动车领域王者特斯拉,塑造的则是一个创新发明家的角色。此外,作为中国特种机器人领域的龙头企业,SROD施罗德工业集团将自己的品牌角色设定为行业先锋,并不断通过品牌塑造来向消费者传递自己的发展理念。

4.IP赋能

如今许多企业热衷于设计一个卡通形象,然后对外宣称这个卡通形象是自己的品牌IP。事实上，不少企业宣称的"品牌IP"根本无法承载品牌精神与企业理念，最多起到增强品牌辨识度的作用，与品牌IP人格化的境界相去甚远。

只要赋予一个IP品牌内涵，并让它的品牌内涵和人格或价值观联系起来，就能实现品牌IP人格化。对人格化的品牌IP而言，真正得到消费者认可的其实是IP所传递的人格与精神，因此品牌IP人格化不受IP本身形象限制。也就是说，IP本身形象可以是人物，可以是动植物，甚至可以是某种虚拟符号。

作为高端幼托机构，福小宝主打中西结合的教育理念，在进行中国传统文化创新的同时注重西式早教教育。福小宝的品牌IP形象，就是一个兼具东方韵味和国际审美的孩子形象，能够极好地体现品牌的特色理念。

5.名人代言

从某种程度来说，品牌就是一种对于创始人的延伸。创始人的价值观决定了品牌的理念，创始人的性格决定了品牌的个性。因此企业可以通过名人代言，将品牌人格与创始人人格绑定，以达到品牌IP人格化的目的。

一个富有人格魅力的品牌创始人，有时就是最好的品牌人格，苹果创始人乔布斯就是一个典型事例。正因为乔布斯对于创新和科技的追求，苹果才有了现在的品牌人格。有人曾经发表意见，认为库克领导下的苹果似乎总是缺少点什么。乔布斯时代之所以能被人们永久怀念，正是源于乔布斯作为创始人的卓越人格魅力，这种人格魅力深植于苹果的品牌文化中，成为不朽的经典。

◆ 案例分析：三只松鼠品牌的 IP 化和人格化

说起品牌的 IP 化和人格化，三只松鼠无疑是众多品牌中的佼佼者。作为电商潮起时第一代淘品牌，三只松鼠通过独特的品牌 IP 化、人格化运营，在坚果这一领域不断深耕，成功打造出家喻户晓的互联网零食品牌。

如今，三只松鼠年销售额已经超过 50 亿元，一提到坚果，人们会第一时间想到三只松鼠。而在这种直觉性的反射弧背后，是三只松鼠勤勤恳恳的运营劳动。下面笔者以三只松鼠为例，具体谈一谈品牌的 IP 化和人格化。

1. 独特的品牌名称

自然界中最喜欢吃坚果的动物就是松鼠，"三只松鼠"的品牌名称不仅借用松鼠这一形象将品牌与坚果密切联结起来，让人产生联想，还通过"三只"这个奇怪的量词前缀，给品牌增加了不少趣味性和互动性，便于辨识与记忆。

"三只松鼠"的品牌创始人章燎原曾表示，他认为奇怪的名字更容易形成品牌生产力。据了解，"三只松鼠"这一品牌名称大约为后期的广告宣传节省了三分之一的成本，由此可见，一个好的品牌名称有多重要。

2. 占领用户心智

三只松鼠是最早在淘宝网上投放广告的坚果品牌，直通车、搜索广告位、聚划算……在建设初期，三只松鼠每个月光宣传费就高达一两百万元，巨大的广告支出严重挤压了品牌利润，这对一个新生品牌来说，无疑是一个极其冒险的举动。

然而，最后的结果表明，这种一直坚持广告投放的策略成功占领了用户的心智，取得了相当不错的营销效果。事实上，消费者的购买行为是相对比较滞后的，很多人并不是一点进广告就会马上下单购买，要想让消费者下定决心做出消费行为，就必须通过不断的营销推送，在他们的脑海中持续形成印象。当消费者的品牌印象积累到一定程度时，就会开始消费。因此要想带动购买量，就必须将点击量增加到一定程度。

在品牌建设初期，能否成功销售至关重要，因此一定要注重广告营销。

3. 进行松鼠角色扮演

在三只松鼠公司,处处可见关于品牌IP形象松鼠的角色扮演。除了包装设计和品牌标志外,三只松鼠还要求每个客服都要以松鼠宠物的身份与消费者对话,将消费者当作主人,甚至可以"撒娇卖萌聊心事"。据了解,在三只松鼠公司,客服在培训工作时必读的一本企业手册,就是《做一只主人喜欢的小松鼠——小松鼠客服壹拾贰式》。

其实"主人"只是松鼠客服的一种萌文化,重点还是在于用心与消费者进行沟通互动。通过松鼠客服,三只松鼠进一步加深了自己与松鼠形象的联结,是树立独特品牌形象的关键之一。这种场景化、体验式服务不仅凸显了鲜活的品牌个性,更增加了消费的新鲜感与趣味性。

4. 打造互联网视觉营销体系

好的品牌包装必须满足两个特质:首先,要有极为强烈的视觉冲击力;其次,要重点突出品牌特色。

三只松鼠的品牌包装别出心裁,它的包装袋是一个戴着眼镜的松鼠小贱形象,外包装则是结合狗粮包装与奶粉包装特点设计的,纸质印刷的材料加上四面封口可站立的结构,很有特色,还有一个专门的名字——"鼠小箱"。

此外，在快递包裹内，还会附赠开箱神器"鼠小器"，以及湿纸巾、密封夹、萌版卡套等印着松鼠形象的小周边。这些做法不仅让三只松鼠在视觉营销层面脱离于传统零食品牌，还让消费者在拆快递时收获惊喜，大大提升了消费者对于品牌的好感度。

5.口碑营销与用户体验

三只松鼠极其重视口碑营销，经常举办各种活动，邀请消费者主动分享购物体验。

例如，三只松鼠就曾在微博发起过"最主人"自拍PK赛话题活动，让消费者主动晒出和三只松鼠产品的合影，从中选出最有意思的主人送出免费的零食大礼包。

此外，三只松鼠还成立了"松鼠神农堂"，不定时地为受邀用户提供同行业的各类产品，进行盲选试吃，然后根据试吃的反馈意见不断改良产品，以研发出更受消费者喜爱的产品口味。

此类活动不仅对产品进行了宣传，还可以吸引消费者与品牌互动，尤其是"松鼠神农堂"，让消费者直接参与到产品研发的环节中，能让用户产生参与感和成就感，有利于增强用户黏性。

对于售后环节，三只松鼠也从不怠慢。评价管理团队会对用户评价进行实时跟踪，每天逐条分析4万余条用户评价，提取"苦""慢""差"等关键词后分类，反馈给各个运营部门。相应部门会在两天内追溯到进行评价的消费者，向其道歉并解决问题。

6. 品牌形象娱乐化

随着电商的日益娱乐化发展，企业必须体系化打造品牌IP，以便给用户带来更加立体化的娱乐。

三只松鼠就为此专门成立了独立的动漫公司，用来运营品牌形象，还以品牌IP为主角，推出了有关的3D动漫，这使三只松鼠的形象越发深入人心，也带来了爆发式的销量增长。2014~2016年，三只松鼠分别实现营业收入9.24亿元、20.43亿元、44.23亿元，营收增长率均超过100%。在2016年，三只松鼠还正式开启了自身的IPO征程，这对一个仅仅成立4年的新兴品牌而言无疑是质的飞跃。

7. 将企业文化作为营销之魂

食品行业直接与食品安全相关联，因此食品品牌的价值观念至关重要。

三只松鼠主张"为用户服务，为服务用户的人服务"，不仅对外严于律己，对内也常以高标准来严格要求。这种价值观念不仅确保了三只松鼠的较高品质与一致形象，也成为三只松鼠互联网品牌IP化与人格化的安全基底。

在信息泛滥的时代，品牌的IP化和人格化越来越成为各大企业思考和追求的问题。互联网的普及让人们更加快速便利地获取信息，但信息的泛滥也降低了人们对信息的敏感性，以至于传统的广告曝

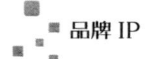

光效率越来越低。用户的需求和关注点不再千篇一律，品牌要想吸引用户也变得越发困难。

如今人们已经不再满足于基础的物质文化需求，更倾向于对精神层面或感受体验的追求。三只松鼠之所以能够成功，正是因为它及时抓住了人们消费心理的变化，从产品设计出发，在各个方面迎合消费者的隐形心理需求。

需要注意的是，企业在运营有形产品时，比起强调产品的功能，更要赋予产品隐形的文化价值，通过树立独特的品牌形象来获得消费者认同。而当企业在运营无形产品时，则要通过各种方式不断强化产品服务的功能性，让用户感知到产品服务的价值点，从而获得消费者认同。因此在品牌的IP化和人格化过程中，也要注意将"无形的产品有形化，有形的产品无形化"，这是品牌运营成功的关键。

第五章

品牌 IP 化之品牌形象

品牌IP

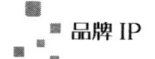

◆ 为什么品牌需要IP形象

品牌是商业元素，因此很多人在看到品牌后，第一反应便是"它是来卖东西的"。品牌之所以要花费时间努力去建构品牌价值观，无非是希望消费者能通过购买自家产品来实现自我定义，以获得更多消费者的信赖与认同。

当消费者对品牌的认同度达到一定程度时，就会成为品牌的拥护者。有拥护者的品牌大多具有鲜明的IP形象和清晰的价值观念。对品牌而言，IP形象就像一个人的"个性"，而容易吸引人的价值观念往往是前沿的、创新的乃至激进的。

例如，如果某个品牌的价值观是"创造美好生活"，那么这个品牌就注定难以吸引消费者注意。这并不是说"创造美好生活"的价值观念不够好，而是因为这种平平无奇的思想内涵难以挑起情绪、无法激动人心，可能会得到消费者的认同，但不能获得消费者的拥护。与"创造美好生活"相比，"Just do it"就更有号召力。什么都别想，尽情去做吧！这样的价值观念充满朝气和干劲，很容易打动年轻人的心。

第五章
品牌 IP 化之品牌形象

尽管如此，我们也不能一味要求所有品牌都有可以撩动情绪的价值观念。因为品牌与品牌间的产品种类各不相同，面对的受众群体也存在差别。偏鞋服和快消的品牌更倾向于面对年轻人，因此适合较为激进的形象和价值观。

所谓 IP 形象，是指专门创造出来的虚拟形象，它是品牌形象与性格的具象化，可以帮助品牌和消费者进行沟通与交流，获得用户的喜爱与认同。

从 2016 年开始，各大企业就开始着手打造符合品牌的 IP 形象符号，无论是 AcFun 的 AC 娘，抑或是哔哩哔哩的 22 娘、33 娘，都是品牌为自己打造的形象代言人。

通过这些个性鲜明的 IP 形象，品牌不仅会获得更多用户的好感度，还会不断进行跨界营销，甚至贩卖周边变现。而当一个品牌的 IP 形象做到足够惹人信任和喜爱，个性魅力能够超越品牌本身时，就会拥有属于自己的"忠实粉丝"。这些忠实粉丝可以反哺品牌，为品牌吸引新的用户，以达到口碑裂变的营销效果。

此前"大白兔"品牌曾和"郁美净"合作，共同推出大白兔奶糖味的唇膏，一时引起众多关注。众所周知，"大白兔"素来以制作奶糖闻名，甚至有不少人一提起"大白兔"，第一反应就是奶糖。这种打破产品界限的跨界营销形式，无疑刷新了外界对于"大白兔"品牌的认知。

大白兔唇膏不仅在外包装上还原了经典的奶糖包装，就连气味也做得跟大白兔奶糖一模一样。该产品上市以后，在微博大V的相继转发下，话题讨论近1700万条，这也使得大白兔唇膏迅速成为网红产品。

借着这波造势，"大白兔"又先后推出了众多联名商品，有香水、身体乳、衣服、鞋子甚至冰淇淋，掀起一股大白兔风潮。这种跨界操作也让不少品牌争相模仿，诸如知名食品品牌"旺旺雪饼"，就和自然堂推出了联名的雪饼气垫。

此外，三只松鼠也是利用IP形象进行跨界营销的佼佼者。它甚至将三只松鼠的IP形象由平面变成动画，不仅推出了《三只松鼠》系列动画片，还生产了一系列周边玩偶，成功进军二次元。通过吸引孩子喜爱的方式，三只松鼠偷偷打入消费者家庭内部，大大提高了品牌知名度。

凡是能让消费者买账的跨界品牌，大都有一个共同点，那就是有自己的IP形象。只要拥有IP形象，即使不带品牌名称，消费者也能辨认出你是什么品牌。

要知道，人们对于图像的记忆力远远高于对文字的记忆力。若是没有大白兔的经典形象，就算直接标着"大白兔"的品牌名称，也难以引爆大众讨论；若是没有旺仔的经典形象，就算直接印着"旺旺"二字，也难以让人注意留心。不论是在文章中或是活动中，都要加入代表自己品牌的IP形象，这样才能展现亮点、吸引眼球，让消费者有记忆点。

知道了IP形象对于品牌的重要性之后，我们还要解决下一个问题，那就是究竟什么品牌需要营造IP形象？

若论需要营造IP形象的品牌，首属主力消费群是年轻人的品牌。年轻人天生对新鲜事物感兴趣，愿意花费时间和精力了解和关注新生形象。例如，比起"足力健老人鞋"，"钉钉"更适合去做一个IP形象。

其次，个性不太强烈或突出的品牌也需要通过IP形象来传递品牌信息，实现和用户的沟通与交流。若是品牌性格本身足够强势，以至于消费者只要提起这个品牌，就能联想到清晰的品牌印象，那么它就不需要做一个IP形象来具象化自己。虽然同为运动品牌，但比起耐克，新百伦或者亚瑟士更需要IP形象。

如果一个品牌专做幼儿教育，并以"关爱、启蒙、无微不至"为品牌价值观，那么这个品牌就很需要创作IP形象。因为"关爱、启蒙、无微不至"这种品牌理念很是抽象，家长难以直观感受到品牌的价值观念，这就需要品牌创造出一个具体的IP形象，以此和家长孩子进行沟通交流，让"关爱、启蒙、无微不至"的品牌理念在他们心中留下更直观的印象，以获得消费者的信任和喜爱。

此外，平台类的品牌也较为适合打造IP形象。毕竟平台多为工具或者服务为主，自身难以向用户展示清晰的个性，有时即使提供了服务，在用户心中也很难具有存在感，无法累积品牌资产。

需要注意的是，在打造IP形象过程中，有时会陷入资金不足的困境。此时品牌往往处于建设初期，无法仅凭自身品牌力去带动IP自然起飞，若将营销预算全部投放在打造IP上，面临的风险将会相当大。因此当品牌还处于薄弱期时，笔者不建议企业试图通过打造IP抄近路，这会使品牌陷入难以预知的风险中。

什么样的形象是一个好的品牌IP形象

随着市场的变化与发展，品牌IP形象越来越受大众喜爱。这些形象与品牌密切联结在一起，让我们一看到金属狗就想到京东，一看到黑猫就想到天猫，一看到小海豚就想到携程……

品牌IP形象策略的重点在于品牌的维护和传播。随着互联网技术的飞速发展和信息时代的不断进步，企业要想在同质化竞争中拔得头筹、赢得消费者的信赖和喜爱，就必须树立独特的IP形象，凸显品牌的识别性。

现在品牌传播手段主要分为两种，一种是传统品牌营销传播，另一种则是网络品牌营销传播。在这两种传播手段中，品牌视觉形

第五章
品牌IP化之品牌形象

象是消费者最容易直观接触的内容。而品牌视觉形象中有一个至关重要的点，那就是品牌IP形象设计。

在一定程度上，品牌IP形象的好坏直接对企业品牌造成影响。那么究竟什么样的形象才是一个好的品牌IP形象呢？一般来说，好的品牌IP形象必然满足以下三方面要求：

1. 具有内容生产力，可以持续进行内容输出

好的品牌IP形象具有内容生产力，可以成为一个优质的内容源，不断向外进行持续的优质内容输出，以引发用户的关注与喜爱。此外，好的品牌IP形象具有完整的角色故事和人格设定，能通过和用户的互动与交流，展现自己的独特人格魅力。

需要注意的是，品牌IP形象在进行内容输出过程中，一定要有持续性。只有坚持一定的时间、输出一定的内容量，才能吸引忠实粉丝。这些忠实粉丝必定是品牌IP定位直接面向的精准客户，因此品牌要通过不断的内容输出来加固自己的标签，以维持粉丝。

以line为例，line之所以获得这么高的人气、深受粉丝追捧，其主要原因就在于line具有持续为用户提供优质内容的能力。其实line早期是韩国的一家通信公司，2013年，line出品的系列表情包突然大火，line这一品牌也因此受到了大量关注。此后，line推出了ugc模式，积极鼓励用户进行表情包创作，并邀请他们将自己所创作的表情包上传到平台。此举大大增加了用户在平台的活跃度，有利于

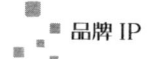

提高用户的品牌黏性、建立用户和品牌间的良性关系。此后几年，line一直吸引持续创作的新成员加入，以不断制作新的热点和内容。

2.具有联结力，可以联结不同圈层和用户

以往品牌在进行产品推广时，总是因为产品的特点、行业的壁垒等而无法实现圈层跨越，不能和其他品类共同进行更多营销方式上的尝试。要想打破这些限制，可以尝试进行IP营销。IP营销不受产品品类和行业壁垒的限制，能够在营销方式和品牌创新上创造更多可能。漫威系列的英雄IP就曾和许多商家合作过，这些合作跨越了行业和品牌，从衬衫T恤到海报、手机壳，囊括了多个场景和领域。

除了可以联结不同圈层以外，好的品牌IP形象还可以联结粉丝或用户。

熊本熊作为典型的热门IP形象，以极高的拟人塑造迅速火遍世界，充斥在我们的网络世界，表情包、线下活动、联名产品层出不穷。其实这只呆萌的黑熊原本只是熊本县政府宣传案的"副产品"，形象产生一个月后，运营方就迅速为它策划了一系列神奇事件：聘任熊本熊为临时公务员、熊本熊大阪失踪、寻找腮红事件……通过这些具有热议感的神奇事件，熊本熊不仅频繁刷屏，还在互动中与粉丝实现了联结，让粉丝对自己产生更强的参与感和立场感。

3.具备衍生能力，可以实现商业闭环

从某种角度来说，品牌IP形象不过是品牌在互联网时代用来实现商业价值的新兴工具或者方法论。

品牌通过打造IP形象，树立独特的人格，并以此吸引用户，让用户在与自己沟通交流的过程中和品牌IP人格产生共鸣。归根结底，这一系列动作的最终目的，还是让用户选择自己的品牌、为自己的产品埋单。而品牌IP形象要想实现商业变现和长久发展，就必须不断进行跨界合作，提高自己衍生周边产品和服务的能力。

许多IP在最初问世的时候，仅仅是一个卡通形象，后来经过长期的发展与完善，才逐渐有了相关的漫画、周边与表情包。好的品牌IP形象可以适应不同的时代环境，能够及时捕捉到当下的流行因素，并将这些流行因素融入自己的形象中，以促使品牌IP不受时间和领域限制，无论在任何时期、任何品类，都能保持强有力的衍生变现能力。

总之，品牌IP形象设计得好坏，主要取决于它传递的价值高低，价值是判断品牌IP形象设计好坏的重要因素。因此在进行品牌IP形象设计时，我们可以深入挖掘品牌的人性，赋予其独特的性格和文化价值观，以便让品牌IP更接近于一个有血有肉有灵魂的真人。

我们可以持续提供优质内容，吸引用户参与，然后促使用户和自己的品牌IP产生精神共鸣。需要注意的是，在和用户产生联结的

时候，必须给予一定的情怀和温度。

成功品牌IP形象的三大要素与四大特征

作为企业重要的品牌资产，IP形象设计已经成为品牌宣传的重要环节之一。成功的品牌IP形象不仅形象简单、识别度高、易传播，而且能够很好地弥补品牌形象。一般来说，这类品牌IP形象拥有三大要素，具备四大特征。

1. 优秀品牌IP形象的四大要素

（1）独特个性

品牌IP形象的主体不受任何限制，这就意味着品牌IP形象可以是人物、动物、植物，甚至可以是一个全新的自创形象。但无论以什么主体进行创作，都要具备IP人格化的基本属性。创作者必须从头到脚地深入研究IP形象的每一个身体部位，然后利用恰当的构思设计，赋予IP形象独特的性格特征。

此外，当品牌IP形象面对不同场景时，要和人类一样，产生不同的互动行为，例如打麻将、找人握手等。IP形象总是在制造各种各样的事件，与消费者产生互动和关联。这些行动和事件可以吸引消费者主动和其互动交流，以增进消费者对IP形象的了解与认知。

（2）创意故事

市场上所有的IP形象，都有专属于它们自己的故事。这些故事大多是根据品牌本身延伸出来的，主要象征着某种品牌文化，因此虽然表面看起来平平无奇，似乎和我们日常生活中的内容没有太大的区别，但实际上很容易让人产生精神共鸣。

要想塑造一个成功的品牌IP形象，就必须注意创意故事的塑造。试着将品牌当作一个IP，想象一下它有可能藏着什么样的创意故事呢？顺着故事的发展脉络仔细梳理，就能得出我们想要的结论。

（3）幽默风趣

表情包是一种对人们而言毫不陌生的利用图片表达感情的方式。在聊天的时候，如果对方发来一个诙谐有趣的表情包，就能大大舒缓现场气氛，使聊天氛围变得更加轻松愉悦。

在塑造和延展品牌IP形象过程中，必须设法让IP形象传递出更多的情感。有时比起单纯的形象，蠢萌诙谐更受大家欢迎。因此在这个过程中，企业要注意把控好品牌IP形象在情感表达中的"度"，要让品牌IP形象不被强制出局的同时做到足够出众。

（4）简单易识别

对品牌IP形象来说，简单易识别的外形是极其重要的一个设计要素。

在以往的年代，IP形象的造型趋向于华丽，传播也相对复杂许多。而在当今社会，简约风格越来越受人们欢迎，简单和可爱形状的IP角色往往有着很高的人气。这些IP角色不仅外观足够符合消费者的审美取向，而且可以将他们的基本形状运用到形形色色的产品中去，便于传播和推广，这是对于传统吉祥物来说很难做到的。

2. 成功品牌IP形象的四大特征

（1）传达

所谓"传达"，就是进行核心理念的导出。成功的品牌IP形象，必然能够通过故事充分表达自己的品牌个性和价值观念。

其实品牌IP的重点并不在于IP形象本身，而在于隐藏在形象背后的品牌个性和价值观念。这些品牌个性和价值观念需要通过故事来传达，因此在塑造品牌IP形象过程中，讲述故事至关重要，不仅是IP形象设计的难点所在，更直接对品牌IP形象的成败产生决定性影响。

导出核心理念就是在传达形象背后的故事，这种传达是为了打动人心，让消费者产生感性投入并因此与品牌产生联结。

核心理念的导出主要分为反馈型和决策型两大类。

决策型IP更适用于企业和文旅，而且往往像品牌一样具有坚定的核心立场。这类IP需要经常进行大量用户调研，结合公司、市场等多方意见，然后综合考虑做出决策。

第五章
品牌 IP 化之品牌形象

以可口可乐为例，虽然可口可乐是无可厚非的全球性知名品牌，但它早已不仅是个贩卖饮料的企业，而是和IP一样，既能代表某种文化，拥有不受限制的跨品类带货能力，又有完备的授权体系。这类事物既像品牌，又像IP。从某种角度来说，可口可乐也算作一个决策型IP。

反馈型IP更适用于文娱故事和设计师IP，比较偏故事、艺术类，往往先有一个核心理念，然后再根据用户意见和市场反馈完善自己的价值。

潮流品牌Original Fake就是一个典型的反馈型IP，创始人KAWS身为个人街头艺术家，早在20世纪90年代就开始了街头艺术活动，并且因为风格独特、善于恶搞的涂鸦而成为业界大咖。Original Fake是秉承KAWS的恶搞精神进行设计的，属于先有核心理念，再有品牌产品。

（2）设计

在进行品牌IP形象设计时，要综合考虑IP形象的特点和材质，充分了解头身比理论，注意符合潮流审美，同时利用基础比例保持外观的协调性。

此外，在设计过程中，有时也可以通过对一些基础细节点的打破来营造特殊感，甚至可以进行适当的艺术化夸张或抽象，以展现足够"奇怪"的主体特点，与独特的个性相照应，保持人设。

品牌IP

（3）规范

在进行品牌IP形象设计过程中，还要遵循一定规范，这些规范会依据运营研发、素材延展、商业合作和品牌合作等不同场景而有所细分。

（4）进化

在满足以上三大特征后，IP形象还要在市场投入后根据用户反馈不断进行调整与修改，与时俱进的同时也要根据合作案例进行合理适配，注意在这个过程中反哺传达环节中的定位。

如何打造一个好的品牌IP形象

一般来说，品牌IP形象创作流程大致分为两个阶段，一是前期分析阶段，二是设计分析阶段，这两个阶段必须紧密结合。

在进行前期分析的时候，需要选择针对人群和内容进行综合分析。

所谓针对人群分析，就是通过调研目标人群，了解他们获取信息的途径、人物性格的标签以及日常生活的状态。将这些情报进行综合分析，然后总结出整体趋势发展有何规律，从而得出人群特性。

所谓针对内容分析，就是收集不同类型的IP形象素材，将这些素材进行分类总结，从中分析出最受用户群体喜好的特性，以便设计出符合用户口味的IP形象。

而在设计分析阶段，品牌首先对市面上比较受欢迎的IP形象进行搜集归纳，然后分别就形态、性格、设计手法三个方面进行具体分析。

那么究竟如何打造一个好的品牌IP形象呢？根据品牌IP形象的创作流程，我们可以从以下几点来着手进行：

1. 进行IP形象定位，选取合适的造型及主题

IP形象其实和品牌形象之间有不少相似之处，因此要想打造好的品牌IP形象，第一步便是进行IP形象定位，选择一个大众感兴趣的人物形象进行设定。这个人物形象可以是以前存在的历史人物，例如故宫淘宝推出的雍正皇帝系列，也可以是后天创造的新生元素，例如三只松鼠、江小白、小茗同学等。

需要注意的是，IP选择的人设定位不仅要符合时代潮流趋势与消费者的审美视觉，而且要与品牌定位相契合。IP形象风格必须与品牌产品风格保持一致，且该风格要具有一定的感染力，以便引发受众群体的情感共鸣。

此外，IP形象还必须综合考虑品牌自身的定位和战略意图，选择符合业务需求的合适造型和载体。例如，高德地图的IP形象是一只老鹰，这个IP形象就很突出高德地图作为导航的业务属性。

在进行IP形象的外观设计时，可以在整体形象上加入一些拟人化创作，以便后期人格化的拓展，色调上也最好与品牌自身的主题色保持一致，以增加辨识度。有时从品牌LOGO入手，直接将品牌的标志图形或品牌名称打造成IP形象，也不失为一种好方法。例如三只松鼠，IP形象就和品牌名称完全相同。这样做不仅可以节省设计成本，而且便于相关人员有针对性地进行专业化品牌IP形象打造。

2. 结合业务场景，建立IP静态及动态素材库

在打造品牌IP形象过程中，要结合具体的业务场景，注意打造IP形象的差异性。可以通过服饰配饰等创意设计，让用户从主观上认识到IP形象处于不同的业务场景，以便品牌进行业务宣传。在IP形象的情绪化设计时，最好结合动态设计手法。

此外，创造完IP形象之后要进行综合整理，建立IP静态及动态素材库，以便后期的复用和升级。

3. 增添故事背景，提高IP形象的延展性

但凡好的品牌IP形象，其必定有一定的故事性。品牌故事不仅可以帮助用户了解IP形象的文化背景，凸显IP形象的个性与灵魂，加深用户对品牌的认同与喜爱，还有助于后期的二次创作，便于发展IP形象的周边产品，从而形成一定的文化氛围。

有故事的IP形象个性更加生动鲜活，而且故事的情节起伏也会

将用户带入其中，在影响用户情绪的同时更易和他们产生情感层面的共鸣。迪士尼公主系列IP形象，就是通过故事叙述来打造的。每个公主都有着不同的身世和命运，而这些专属于她们的故事也让每个公主的形象深入人心。

IP的本质是有独特共情力的角色。要想打造成功的品牌IP形象，必须从情感和本能情结出发，在潜意识层面挖掘出具有共情力的情感共振，并将品牌价值观融入其中。

总体而言，IP形象角色大致分为以下一些方向：萌系、冷系（酷帅系）、暖系（治愈系）、燃系（热血系）、丧系、甜系（CP系）、沙雕、仙系、启示系（导师系）、超能系（英雄系）。IP形象角色可以从不同的人性角度出发，和用户产生不同的情感共振。

例如日本的熊本熊，就是一个极为成功的IP形象。熊本熊的IP形象特征是黑色的身体、白色的五官、圆圆的腮红以及笨拙的身姿。它给人的印象就是笨拙憨厚的人性化动作，这使众人觉得熊本熊就是一个活生生的角色。它的每次挥手、每个摇头、每个"捂嘴"的可爱动作，都会让人们觉得憨态可掬。如今这只憨萌、拟人化的熊，已经成为人们心目中不可替代的卡通人物。

4.IP营销

在如今物质高度发达的社会里，已然是"酒香也怕巷子深"的市场状态。面对激烈的市场竞争，品牌必须充分利用线上线下空隙进行IP传播。只有吸引到一定量的粉丝，才能使品牌IP传播度显著增加，从而给品牌带来红利。

5.IP衍生品的运营

IP形象设计完成之后，品牌还可以"跨界合作"打造周边衍生品，一边提高品牌知名度，一边降低品牌风险，继续大量吸粉。

◆ 让顾客一眼就爱上的品牌IP形象设计

随着市场的变化与发展，IP形象设计在品牌营销中的作用越来越重要，已经演变成设计师必须具备的基础技能之一。然而，要想做好品牌IP形象设计，并非一件易事。

要想做好品牌IP形象设计，不仅要进行IP形象定位、选取合适的造型及主题，结合业务场景、建立IP静态及动态素材库，增添故事背景、提高IP形象的延展性，还要做好IP营销和IP衍生品的运营工作。可持续性运营能够延长IP形象的生命周期，品牌故事则能就IP形象做更多延伸内容，以便展现IP形象的独特内涵。

此外，品牌在创意和设计IP形象时，还要确保它的人格特质与品牌传递的精神相吻合，在具有一定市场差异化的同时能抓住品牌受众的喜好和特点。一个优秀的品牌IP形象，必须在形象设计层面就有独特的吸引力，能够牢牢抓住用户眼球，让用户一眼就爱上该品牌。在这方面，泡泡玛特无疑是众多国产品牌中的佼佼者。

据有关数据统计，从2017～2019年，泡泡玛特的净利润额分别为156万元、9952万元和4.51亿元，品牌总营收更是从1.58亿元增长到16.83亿元，实现了300倍的利润涨幅。2019年的"双十一"，泡泡玛特天猫旗舰店的销售额高达8200万元，一举超越了包括万代、乐高在内的世界知名玩具品牌，并登顶天猫玩具品类第一。

泡泡玛特不仅产品外观华丽动人，而且一直保持着较高频次的系列更新，每次更新都是一套全新的形象，让用户为之眼前一亮。截至2020年，泡泡玛特已经拥有了12个自有IP、22个独家IP以及51个非独家IP的授权。新系列IP的引入，不仅极大拓展了泡泡玛特产品能够覆盖的人群数量，而且满足了各种风格倾向人群的购买欲望。

尽管泡泡玛特的产品上新速度很快，但纵观其拥有的各大IP，最受欢迎的仍是设计师王信明于2006年创作的Molly系列盲盒。

湖绿色眼睛，金黄色卷发，这个小女孩凭借着可爱的嘟嘟嘴和倔强的大眼睛，获得了无数年轻人的追捧和喜爱。据了解，Molly一般有10厘米高，单个售价59元。泡泡玛特将这些小人装进同样外观的"盲盒"里，按系列发售。一般每个系列会有12个不同造型的公仔，而除了这12个普通款之外，还会特别增设1个隐藏款，隐藏款在所有公仔中的出现概率为1/144。这样的Molly盲盒，一年就能卖400万个，实现2亿多元的销售额，堪称超级IP。

泡泡玛特创始人兼CEO王宁曾经表示："一百个人买Molly，有一百种理由。潮流玩具本身没有故事，不带价值观和情绪，所以不是它的灵魂在影响你，而是你得把自己的灵魂代入，这是潮流玩具与钢铁侠等动漫IP玩具最大的不同。"

根据泡泡玛特后台统计数据显示，购买泡泡玛特公仔最多的，是26岁刚工作不久的年轻人。这种只能观赏不能把玩还造价不菲的潮流玩具，为什么能赢得他们的青睐？

总结来看，盲盒玩法是重要原因之一。泡泡玛特推出了不少成套设计的公仔系列，例如Molly星座系列、昆虫系列等。这些公仔大多以盲盒的形式进行销售，盲盒中还会随机放入具有隐藏设计的稀有产品，而买家是完全不知道也不能选择自己购买的款式的，只有购买之后将外包装拆开，才能知道自己买到的是哪个公仔。

盲盒的销售形式无疑大大增加了公仔的收藏难度，毕竟稀有款难开，普通款又极有可能开重复。不过这也让买家的消费体验变得更有惊喜感，收藏难度上升反而会激发买家的收集欲望，以至于公仔收购价水涨船高，甚至有的公仔一度被炒到成千上万的高昂价格。在二手交易市场，个别限量版、隐藏版的Molly公仔，甚至成为部

第五章
品牌 IP 化之品牌形象

分买家的理财产品。

从拆盒时的忐忑好奇,到打开后的惊喜或失望,再到收集更多款式后产生的满足感……这种充满趣味和冒险的购买体验,正是盲盒令人着迷的地方。

除了盲盒模式以外,泡泡玛特还围绕公仔开发了不少玩法,例如摇号购买限定款、玩手机游戏收集虚拟碎片换取实体娃娃等,致力于最大限度地为买家提供更好的消费体验。

泡泡玛特认为,产品附加的情感价值至关重要。泡泡玛特相信"零售娱乐化"原则,认为未来零售的方向一定不只是售卖商品,而是需要与消费者建立情感联结,国内零售业也会从销售商品转向销售情感,从传递货物转向传递娱乐。

其实近几年来,品牌 IP 形象已经越发受到关注和追捧。许多企业都着手打造超级 IP 形象,除了潮流玩具行业外,各行各业都离不开 IP 形象。

腾讯的超级企鹅、天猫的黑猫、美团的袋鼠、京东的机器狗……这些都是日常生活中随处可见的知名 IP 形象。有时一听到名字,我们立马会联想到相关的卡通形象,这就是 IP 形象设计的魅力。

和文字相比,IP 形象不仅具有独特的亲和性与趣味性,而且自带流量,以具象化形象为载体寄托情感。

品牌IP

品牌超级IP形象设计应该注意的问题

当企业品牌发展到某个"瓶颈"阶段，已经无法依靠传统的品牌打造方法为企业经营带来实质性的业绩增长时，就必须通过品牌超级IP形象设计来帮助企业突破"瓶颈"困难。设计品牌超级IP形象可以提高品牌的辨识度，吸引消费者关注，使品牌价值的推广传播工作事半功倍。

企业设计品牌超级IP形象时，必须注意以下几个问题：

1. 品牌超级IP的认知应该具有低门槛性

有些品牌喜欢将自己的品牌IP形象设计得格外复杂，试图以此来表明自己品牌的"高大上"。事实上，过于复杂的品牌IP形象不仅创作困难，还难以向消费者准确传达信息，不利于辨识与传播。

品牌超级IP的认知应该具有低门槛性，这样才能利用低门槛认知，使品牌超级IP迅速获得用户的认可和共情，也更利于创作和传播。

例如，互联网品牌就很喜欢使用动物作为品牌超级IP的原型，在此基础上衍生出多种多样各具特色的品牌超级IP形象，像京东的机器狗、美团的长耳朵袋鼠……

这种动物形象的设计不仅大大降低了创作难度，而且能让用户产生一种亲近感，很容易被用户记住，方便营销宣传。

2. 品牌超级IP的图形设计应该更加简约

品牌超级IP的图形设计主要用于传播品牌价值、为品牌形象输出提供传播原型。

有些品牌喜欢在设计品牌超级IP时采用一些复杂的、多彩的图案，想让自己的IP表达显得更加高级、更加具有艺术感。确实，复杂的多彩图案非常适合艺术创作，但是不利于品牌超级IP进行营销宣传，会大大提高品牌超级IP的传播成本。

因此，品牌超级IP的图形设计应该更加简约，简单、形象的设计表达不仅有利于营销宣传，还能大大减少品牌IP在传播过程中的设计制作成本。

3. 品牌超级IP应该具有人格化

近年来，品牌超级IP人格化越发成为IP塑造的热点。每个品牌都希望自己能够更加有温度地贴近市场用户，而品牌超级IP人格化可以使品牌IP更加"有血有肉"。

品牌IP人格化是打造品牌概念和确定品牌形象的重要方法，是指通过赋予品牌人的属性与特征，将品牌拟人化，然后通过包装出来的品牌IP"外在形象"，进行价值输出的运营策略。人格化可以很好地呈现品牌产品在同类商品中的差异化。

例如，同样都是可乐，可口可乐品牌代表了"快乐和经典"，而百事可乐品牌则代表了"年轻和激情"。当消费者纠结于相似口味应该购买哪个产品时，往往就会选择自己更认同的品牌。

在物资充足的社会，大多数人在消费时，不仅是在购买产品本身独特的功能属性，更是在为品牌IP所传达的文化讯息埋单。这种文化讯息可能是某种体验，可能是某个自我态度，也可能是某段对于生活方式的看法……这些文化讯息超越了产品本身的物质载体，是品牌人格化的价值所在。

企业在进行品牌超级IP人格化过程中，可以为品牌IP设定一些具体的"背景""小伙伴""表情包""反差萌"等，这些设定可以大大增加品牌超级IP的人格魅力，让品牌超级IP更加生动形象。一旦赋予IP人格魅力，自然会吸引用户进行互动联系，从而达到吸粉的目的。此外，品牌超级IP人格化还容易培育忠实粉丝，让品牌自带流量。

企业只要在进行品牌超级IP形象设计时注意以上三大问题，就能让品牌超级IP形象设计更加生动立体，也能让设计出来的品牌超级IP形象更利于品牌的传播，更容易被市场和用户接受与认可。

案例分析：企鹅电竞的品牌 IP 形象设计

企鹅电竞的品牌 IP 形象是小方鹅 CUBIE——一个长了五官和手、腿的游戏机方盒子拟人形象。小方鹅 CUBIE 是一个非常经典的品牌 IP 形象设计，头上的呆毛是游戏机摇杆，脸上的表情也是由方块组合而成的表情符号，处处都体现了企鹅电竞的游戏属性，也很符合目前企鹅电竞以游戏直播为核心，多元化发展的产品定位。

小方鹅 CUBIE 的诞生，大大提升了企鹅电竞品牌的认知度和传播力，能够有效协助产品服务打造出更具情感化的游戏直播内容平台。笔者以小方鹅 CUBIE 为例，来具体介绍企鹅电竞的品牌 IP 形象设计。

1.前期设计分析，制定设计流程

企鹅电竞是一个以游戏直播为主，致力于多元化发展的直播平台。之前企鹅电竞一直没有属于自己的品牌 IP 形象，以至于用户的认知非常模糊，宣传推广难免遇到不少困难。

企业在进行品牌 IP 形象设计时，首先要做的就是通过前期设计分析来制定设计流程。

前期设计分析包括以下四个步骤：需求沟通、创意执行、应用

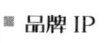

拓展以及归纳管理，严谨的设计流程化可以确保项目的各个阶段都能顺利进行。

首先，确定平台用户画像。产品最终还是要为用户服务，只有通过大数据分析确定了平台的用户画像，才能在用户画像的基础上有针对性地进行策略设计，这样设计出来的IP形象不仅符合产品定位，更能受到平台用户的喜欢与认可。

企业可以通过抓取用户在平台发的弹幕，分析用户的日常行为，综合提炼出用户的性格特征和关键词描述。然后，在设定IP时让它和用户的性格特征有所呼应，再通过对用户的行为和心智分析去确定设计的关键词和方向。

就企鹅电竞而言，平台用户喜欢简称"企鹅电竞"为"企鹅"，在弹幕互动时出现次数最多的关键词也是"企鹅"，这是能够明确与竞品相区别的品牌印象。此外，通过综合调查可以发现，企鹅电竞平台上大多是来自二、三线城市的男性用户，这些男性用户受教育程度不高，都是游戏控，喜欢吐槽八卦，拥有电竞梦想。因此企鹅电竞的品牌IP形象设计方向就是一个与腾讯系有所差异的拟人企鹅，在IP形象中要融入一定的游戏元素。

2. 创意执行

（1）发散、聚合设计思维，创意设计方案

在创意阶段，必须不断发散设计思维，通过草图尽量展现出所有形象设计的可能性，然后再聚合设计思维，整理计划方案，筛选较为合适的方向进行细化，进一步推敲IP形象的造型和细节。

在探索前期方案时，不仅要注意关注用户诉求，还要结合当前的产品定位来进行创意设计。

（2）方案定稿

确定最合适的设计方案后，再通过内部投票、用户测试等途径来确定最终版本。

企鹅电竞的最终设计方案是将IP包装成游戏机方盒子，通过头上的游戏摇杆、身上的游戏纹理以及方块组成的表情来体现游戏属性。此外，IP形象也保留了企鹅最具有辨识度的扁嘴巴和皮肤配色，形成了一个别出心裁的"方企鹅"。

（3）标准动作和表情

根据最终定稿的设计方案，设计IP形象的标准动作和表情。

小方鹅CUBIE的表情符号由方块组合形成，动作则是基于方盒子的身体结构来拓展，设计时不仅要确保动作的自然顺畅，还要结合表情符号达到展示身体结构的趣味化效果。

（4）方案验证

设计好IP形象后，要进行方案验证。

就企鹅电竞的品牌IP形象设计而言，团队在主播粉丝群里做了用户调研，一周内得到了1021份用户反馈。总的来看，主播和用户对小方鹅CUBIE较为满意，而且认为小方鹅的方形身体设计和头上的摇杆很有记忆点，这为后续的延展及应用工作提供了一些设计思路和数据参考。

3. 应用拓展

（1）分场景应用

企业在进行IP形象的应用和拓展时，首先要将应用场景分类，就小方鹅的融入对平台的控件进行整体优化和梳理，在优化过程中要尽量符合产品多元化的定位。

例如，将小方鹅圆角的设计语言应用在UI系统上，优化图标系统、操作按钮、游戏品类入口和内容容器的造型等。

（2）空场景应用

首先要梳理全平台的空场景类型，企鹅电竞的空场景主要有两大类：一类是展示空场景，例如品牌闪屏页面、异常空场景、未加载的空场景等；另一类是引导空场景，例如阻断式的弹框、引导登录的弹框等。

梳理好全平台的空场景类型以后，提取IP形象图形、融入IP故事，然后打磨场景提示文案，将游戏直播的场景融入页面里。

（3）动画应用

基于IP形象优化核心路径上的操作体验，例如结合小方鹅CUBIE的造型做了下拉刷新的动画和正在加载的动画，以增加用户使用产品时的互动性，同时提升平台在操作互动上的体验感。

（4）运营的应用拓展

除了在产品体验上应用IP形象外，还可以结合平台的特性，进一步思考运营的应用拓展。例如，基于小方鹅的性格去优化平台礼物系统，更加情感化地表达礼物概念等。

（5）宣传海报的应用

将IP形象的名字和造型应用于宣传海报上，以提升运营的拓展性和品牌符号的辨识度。例如进行小方鹅出道的海报宣传。

在运营推广过程中，要注意保持一致性和规范性。

4.归纳管理

品牌IP形象设计的最后一步是归纳管理。从落地和效率的角度出发，进行综合思考。不仅要根据IP形象进行标识设计，还要注册版权、申请IP形象的外观专利，以便保证设计的知识版权，为后续的应用和推广提供规范化和系统化的设计文档进行参考。

总之，流程化的设计思维方法可以更快更规范地制定输出方案，后续再按照严谨的设计流程找到设计可发力的点、用产品特性和定位进行应用拓展，就能解决项目品牌认知和推广难题，最大化地发挥设计的价值。

第六章

品牌 IP 化之品牌运营

品牌 IP

◆ 为什么品牌需要 IP 化运营

近年来,越来越多的品牌开始打造 IP 形象、进行 IP 化运营,以推动品牌的发展与建设。在新的商业时代中,品牌 IP 化的趋势逐渐显现,IP 化运营对品牌的地位也越来越重要。

所谓品牌 IP 化,是指按照打造 IP 的思维和方法来建设品牌的第二形象,将品牌动漫化、公仔化、人物化,由此产生人格化的 LOGO 或吉祥物,并通过变现创造品牌在市场上的价值和效应。

作为一种全新的品牌塑造方式和表达方式,品牌 IP 化可以以心灵触达为导向实现高效用户联结,不仅能够和用户达成沟通共鸣,还能更持久、更优质地升级品牌资产。从某种程度来说,品牌 IP 化意味着品牌将不再只是一个商标,而是和 IP 一样成为某种可以占领用户心智的符号化认知。例如,当我们日常生活中遇到不清楚的问题时,就会习惯性地"百度一下",此时"百度"就是我们心中"上网搜索"的心智符号,这就是 IP 带来的强关联价值。

在商业交易过程中,最容易影响品牌成长的就是交易成本,而

第六章
品牌 IP 化之品牌运营

交易成本的高低受品牌知名度的严重影响。你是否被别人认识？又能以多高的效率让别人认识自己？品牌在建立大众认知度的过程中所需花费的成本直接关系到商业效率，甚至直接决定整个交易过程。

品牌的产生是商品竞争的结果，品牌存在的根本目的是标识自己，以便消费者的区分与记忆。消费者的决策环境是一个多维复杂空间，受多种因素的影响。正所谓品效难合一，单一的品牌形象往往难以兼顾代言、销售、输出表达等多个需求，这就需要进行品牌 IP 化运营。

品牌 IP 可以构建一个独立的三维甚至多维度空间，然后在这个空间里上演各种各样的故事，用故事虚拟现实，吸引消费者进行代入体验、沉浸其中，从而建立品牌与用户间的情感联系。品牌 IP 创造的不仅仅是一个 IP 形象，更是一个情境化的世界。在品牌 IP 创造的世界里，可以存在各种各样的角色、制造各种各样的场景、提供分工明确的功能，以满足单一品牌形象难以兼顾的各种需求，解决消费者的根本问题。品牌 IP 化运营不仅可以帮助品牌从多个方位促达消费者，还能大大提高商业效率。

为什么要提高商业效率？提高商业效率的根本目的是实现熵增。正所谓逆水行舟，不进则退，递增是一个必然的过程，每个生命都不断地从有序走向无序，最终不可逆地走向老化死亡。生命以负熵为生，人活着就是在对抗熵增定律。根据王东岳的递弱代偿原理，我们必须不断提高自己的代偿度，这样才能对抗熵增定律，努力获得生存。

熵增定律和递弱代偿原理同样适用于品牌，老化是每个生命体必然要经历的过程。作为生命体，品牌也会经历育期、幼稚期、成长期、成熟期、衰退期五个成长阶段。在品牌价值不断增长的时候，衰退其实也在同步发生。盛极必衰是大自然乃至整个宇宙的自然规律，总有一天，品牌的成长曲线会持续直线下滑，直到衰亡或孕育出新的第二曲线。

品牌老化背后是品类的兴衰，而品类兴衰的背后是需求观念的升级。品牌和企业的发展往往依托于大的市场环境，如果将品类比作一条"河流"，那么品牌就是"河流"中的一艘"船"，在"河流"的水波上前进。一旦"河流"干涸，"船"只能停滞不前。

品类咨询联合创始人谭大千曾经表示："做好产品不只单纯的技术优化升级，更多的是对需求认知的优化，品类机会就是品牌机会，品类升级找到下一条增长曲线。从哲学上看，品牌需要IP化还在于人作为区隔于其他动物需要寻找意义，人活着就需要故事来填满现实世界的缺失和寻找生命的意义。活着就是一种意义，就需要意义，就需要多维空间，也就需要IP化运营打造。"

从某种程度上来看，品牌IP化运营能够让品牌吸收和融合新的

IP元素，更新产品的形象和理念，让品牌变得更加年轻化，以适应时代的审美和流行变迁、应对老化。通过品牌IP化运营，品牌可以迅速找到改变的突破口，通过IP形象给品牌注入新的血液，最大限度地凸显品牌的差异化，实现用户联结，让品牌给消费者留下独特且深刻的印象，从而在同质性产品竞争中拔得头筹。

除此以外，品牌IP化运营还可以通过品牌和IP的渠道资源整合实现赋能变现，便于产品的宣传和销售。

◆ 品牌IP运营必须优先考虑适合交付体验的场景

品牌虽然源自实体，但最后还是要以虚拟体的品牌形象深植于消费者的潜意识中，给消费者留下深刻且独特的印象。

品牌要想做大做强，首先打破传统的思维方式，在IP运营过程中营造用户体验，产生和消费者的情感共鸣。

其实品牌因为体验而形成并非全新发现，而是一种普遍存在的市场规律。现在市场上有不少品牌商家都会为消费者提供体验服务。例如，食品饮料行业的试吃、服装行业的试穿、汽车行业的试驾、手机行业的试用等。在超市，人们总能在冷藏柜台看到端着小杯饮料的促销员，热心地让你试喝自家最新推出的新口味，在线上销售平台，也不乏付邮试用等品牌活动，领取试用品的代价往往是一份产品体验评价。

消费者可以通过试用获得消费体验，认可产品功能，从而对品牌产生良好的印象。这家服装店的衣服更合身好看、那个餐馆的食物更便宜好吃、这款手机更顺畅好用、那辆汽车更容易驾驶……这些都是特定产品给用户留下的印象，为创建品牌创造了条件。

产品是形成品牌的核心基础，会直接影响消费者体验品牌的感受。消费者的感受是一个非常主观的概念，它不仅受到产品本身功能特点的影响，还和消费者所处的场景、生活经验、营销传播活动、口碑等因素息息相关。因此，建设品牌，需要企业整合多种因素，营造全面客户体验，形成系统的感受和联想。

在进行品牌IP运营时，企业必须优先考虑适合交付体验的场景。越适合交付体验的场景，越容易引导用户进行消费。随着互联网信息技术的迅速发展，越来越多新的消费场景产生，而消费场景越多，消费被分流的也就越多。有的品牌或许会感到疑问，为什么经济发展这么好，自己的销量不升反而下滑，其实这就是因为消费场景的增加分流了消费行为的缘故。品牌要想实现持续发展，就必须不断发现新场景，寻找新的市场机会。

场景其实是一种产品逻辑，所谓产品逻辑，就是通过占领场景的心智，建立场景强关联。品牌产品要有场景强关联，这样才能让用户一进入这个场景，就立马联想到品牌。例如王老吉，就和火锅这个场景建立了强关联。王老吉的广告宣传片，是一群人围在一起吃火锅，为了避免上火选择边吃火锅边喝王老吉。一旦建立了这种强关联，人们就会自然而然地在吃火锅的时候想到王老吉，从而促进王老吉的销量增长。这样的品牌案例还有许多，比如红牛与长途开车的场景强关联、锐澳鸡尾酒与 KTV 的场景强关联、江小白与新生代聚会的场景强关联等。

需要注意的是，不同场景间的消费需求会有所不同，不能用一个场景的需求否定另一个场景。此外，产品体验只有放在特定的场景中才是协调的，才是有感觉的。如果离开场景，这种泛体验或者在任何地方都能体验的事情就不复存在。

场景实验室创始人吴声就曾表示："这是一个所有人的小时代组成的大时代，流行更加网格化。一个引爆场景对于另外特征的社群可能意味着无感、漠然、可忽略。"

善于使用交付体验场景来运营 IP 的有不少品牌，笔者以小罐茶和江小白为例，具体讲一讲他们是怎么迎合交互体验场景的。

小罐茶这个品牌在 2017 年火爆全网，在极短的时间内迅速进军品牌第一阵地。据统计，仅 2017 年一年，小罐茶就创下 10 多亿元销售额，若非受到产能限制，这个数字还会更加惊人，足见小罐茶的成功和吸金能力。

对于小罐茶的走红，不少老茶农不服气，认为小罐茶不过是将普通茶换了一个小点的包装，全靠噱头营销造势。其实，他们并不懂得小罐茶的产品逻辑。小罐茶之所以成功，本质上是因为它发现了一个新的场景——"外出旅行怎么样方便喝茶"。

小罐茶的老板杜国楹很爱喝茶，经常茶不离手，走到哪儿喝到哪儿。但是喝茶喝久了，杜国楹突然发现一个问题，那就是出差带茶不方便。当时市场上还没有类似茶叶旅行装的小包装产品，为了解决这个问题，杜国楹推出了小罐茶的概念，一罐茶就是一泡，以方便茶友出差旅游喝茶。出差旅游是一个特殊的场景，虽然这类场景量很大，但在当时的茶业还没有人发现。小罐茶抢先发现了这个商机，自然能够拔得头筹。

江小白作为白酒市场上新出的一匹黑马，它通过简约创新的"交流瓶"包装，成功营造出简单文艺的人格气质，并凭此在白酒市场吸引了属于自己的受众群体。

有些人不喜欢江小白的口味，觉得它的酒品质量有问题，这可是一个天大的误解。其实江小白很重视产品品质，但它主要是针对新生代场景设计的。"小聚、小饮、小时刻、小心情"，这是江小白发现的新场景。所以，江小白的产品酒精度一般会比较低，喝的主要是气氛。

据了解，江小白针对团建这一场景，还特地推出了一种"团建酒"。

在团建酒里，江小白还细分了四个分场景：召唤、齐心、必胜、庆祝时刻，主要用包装设计来进行区分，消费者可以根据自己的需求选择不同包装的酒进行团建，十分契合场景主题。

除了小罐茶和江小白外，还有许多品牌通过迎合交付体验场景获得成功。例如雀巢和麦氏咖啡，这两个品牌几乎是同时进入中国市场的，刚开始时彼此势均力敌、发展的势头都很强。后来雀巢发现了两个重要的咖啡消费场景：一是礼品，二是茶歇时间。中国与遍地咖啡的西方国家不同，没有咖啡文化，但是可以通过占领特殊的场景来推销咖啡产品。礼品装和小袋装雀巢，就是雀巢基于场景的产品逻辑而打造的。正因这种基于场景的产品逻辑，雀巢才成功打败了麦氏咖啡，在中国咖啡市场占据霸主地位。

◆ 超级 IP 运营的三个关键点：品牌定位、产品运营、文化塑造

品牌在进行超级 IP 运营时，还要注意三个关键点，那就是品牌定位、产品运营以及文化塑造。

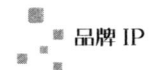

1. 品牌定位

所谓品牌定位，就是设法找到一个可以打动消费者的概念，以此为中心进行品牌建设。

一个品牌若是没有独特有力的定位，是很难长期发展下去的；一个IP若是没有吸引眼球的定位，也难以长期延续成长。作为品牌和IP的起点，定位意味着战略和方向，不仅是品牌后续进行宣传策划的指南针，更是在实现差异化和人格化过程中必不可少的重要工作。只有准确做好品牌定位，才能顺利进行后续环节的指引工作。

企业要想做好品牌定位，可以从情感、故事、角色、符号四个方面开始入手。其中情感定位是指品牌能够引起用户共鸣的情感共振点；故事定位是指在基本人性点上定位原型化故事；角色定位是指创造能够触动人性情感层级的人物形象；而符号定位是指品牌在各个领域呈现的符号形式。

2. 产品运营

品牌要想打造超级IP，仅仅有了成功的定位还远远不够。要知道，超级IP不只是被设计出来的，更多的是被运营出来的。通过某个媒介呈现形式去激活IP只是第一步，长期的IP运营才是重中之重。即使再好的IP，若是缺少长期运营，也会被人淡忘，在用户心中消失不见。

第六章
品牌 IP 化之品牌运营

　　超级 IP 通常最开始并不是十全十美，而是通过长期的 IP 运营不断打造和调整相关设计，最终才形成的。例如，漫威知名 IP《蜘蛛侠》的诞生时期很早，早在 20 世纪 50 年代就被创造出来了，但是那时这个 IP 并不知名。后来漫威在《蜘蛛侠》里加入了更多创意设计和社会化内容，才让它一举成为畅销漫画，后续又经过了索尼影业的全新塑造，才有了现在呈现在我们面前的超级 IP。

　　新时代的 IP 往往具有超强的传播能力，可以通过不同平台和用户端上的交流互动，延长 IP 产业链条，实现更多的商业变现。因此在开发前期，设计者要为后续的影视剧、游戏、出版物、社交、衍生产品，甚至地产和教育等多种媒介形式留出充足的创作余地，做好相关 IP 产业开发规划，以保证 IP 的长期衍生能力。

　　与传统营销的自娱自乐不同，优质 IP 需要通过线上线下的闭环互动进行后续孵化，必须让消费者参与其中进行互动。通过 IP 授权的借力营销虽然可以实现与消费者的情感共鸣，获得消费者的认同，但互动性不够，还需要品牌基于 IP 资源孵化新的内容，同时借助粉丝的扩散效应实现品牌的自传播。

　　在产品运营方面，玩具公司乐高是一个具有较强代表性的品牌。2014 年，乐高推出了影片《乐高大电影》，不仅票房大受成功，还借机做了一把极为巧妙的广告营销。电影中的所有角色都是用乐高玩具拼成的知名 IP 角色，从某个角度来说，这部电影可以算是关于

品牌 IP

乐高玩具的广告片。

由于 IP 角色都具有一定的知名度，因此先天就存在"角色认同"，可以直接引流形成乐高的基础用户；在 IP 角色的粉丝效应下，制作优质内容，可以在引流 IP 角色原有粉丝的基础上进一步通过内容认同来获得新用户；通过电影这一声效放大器，可以很好地获得注意力回报；此外，乐高大电影自成一个独立的虚拟世界，不同的 IP 角色在这个新世界中有各自的新定位，也相当于把原本属于 IP 的元素变成了乐高自己的东西。

就这样，孩子们很快将对电影的追捧转化为对乐高玩具的巨大购买力。据了解，仅 2014 年上半年，乐高公司就获得了 20 亿美元的营收，同比增长 11%，而这主要得益于电影同期上映的提振作用。此外，与该电影相关的乐高玩具在全球范围的销量也达到了 468 亿美元。

乐高集团社交媒体负责人 Lars Silberbauer 曾通过媒体表示："如果我们投资内容，这很有可能为我们带来更多的评论，更多的关注，以及更多的品牌知名度。"

确实，和单纯的内容植入及借势营销不同，借力 IP 元素授权营销可以根据产品的品牌定位、理念和营销诉求等找到匹配的电影元素，把元素融入品牌中，使电影和品牌相互映衬、相互传播，这样不仅能将电影的热度与话题引流到产品，还能为品牌赢得海量曝光和舆论关注。

3. 文化塑造

超级IP需要文化内涵来支持，文化不仅可以给品牌带来极高的附加价值，还能打动消费者，让消费者形成明显偏好。

品牌可以通过文化借势的方法来塑造IP文化。所谓文化借势，就是使文化资产为IP所用，通过IP运营活动与人类文化遗产相结合，让IP融入文化，成为消费者生活方式中的一部分。通过借势于文化原型，IP可以拥有源源不断的生命力。早在两千多年前，孟子就曾有言"虽有智慧，不如乘势"，这里的"势"不仅代表着消费者的心智，也代表着人文文化资源。"乘势"是品牌赢得竞争的关键。

品牌在进行文化塑造时，可以尝试向以下两种文化借势：

（1）本体文化

所谓本体文化，是指人类生活中的文化及历史上的文明。本体文化不仅可以用强大词语清晰地表达出与本体的关联，还可以通过常识去判断本体的强大程度。

品牌必须先建立寻找本体文化的思维，再建立寄主的思维，然后在这两个思维的基础上去寻找本体文化，将其融入IP的打造中，最后完成IP的本体文化融入。

（2）传统文化

所谓传统文化，是指文明演化而汇集成的，反映民族特质和风

品牌 IP

貌的文化。传统文化是民族历史上各种思想文化、观念形态的总体表征，每个村落、每个城市、每个国家都有属于自己的传统文化传承千年，中国的传统文化极其丰富多彩、博大精深。不管是中国的本土品牌，还是进入中国市场的外国品牌，只要充分融入中国的传统文化，就能获得本土消费者的文化认同感，让消费者接受自己的IP，购买自己的产品。

品牌 IP 运营的五策叠加：内容 + 运营结构 + 体验 + 转化 + 上新

企业在进行品牌 IP 运营时，还要注意五项政策的叠加，那就是内容 + 运营结构 + 体验 + 转化 + 上新。

1. 内容

一个 IP，如果没有原创和差异性，就不会诞生。因此 IP 必须有差异化的原创内容，这样才能吸引消费者的兴趣和关注。

此外，一个 IP 的内容越丰富、世界观越庞大，就越容易围绕同一主题构建有关的子品牌和产业链，通过跨媒介叙事扩大用户群体、不断破圈吸引粉丝，从而让 IP 产业持续运营下去。因此要想扩宽产业链的边界，就必须选择容易扩展的IP内容。

对品牌IP运营来说，持续性的内容输出至关重要。只有通过持续的内容输出，才能争取用户的注意力和信任感。要想吸引大批忠实粉丝，就必须长时间坚持下去，在积攒输出内容量的同时积累粉丝。

2. 运营结构

所谓运营结构，一般是指在一个组织机构中，围绕组织的阶段性目标所形成的各种人、事、物的搭配和安排，并且由这些角色所构成的所有构造和流程的总称。

运营的中心是IP，好的IP直接决定运营的发挥空间，而好的运营直接决定IP的成长速度。运营，就是要在低IP的各个发展阶段，去做各种各样的事情，促进产品成长。一般来说，超级IP主要有以下几个发展阶段：

（1）孤立发展的阶段

在IP的孤立发展阶段，无论是影视公司、游戏公司还是动漫公司，从产业角度来看，都是一家孤立发展的公司，而所有的电影、动画、漫画等IP作品，从用户角度来说也仅仅是一部独立发展的产品，不存在其他衍生结构。

在孤立发展阶段，所有的品牌和IP都在寻求一种合作关系，试图进行联动合作、联动开发以及联动版权授权等。

（2）版权经营的阶段

在版权经营阶段，IP可以在不同产业领域进行合作、产生交集，由此便会引发一些新的玩法、新的授权。

在这个阶段，有许多成功的IP运营案例。例如《花千骨》，它不仅仅是一部大热电视剧，同时也是一本书、一部漫画、一个游戏。相关数据统计，电视剧《花千骨》的整体点击量高达200亿，衍生游戏的单月流水更是破2亿，流量和变现成绩相当亮眼。除了《花千骨》以外，《鬼吹灯》《盗墓笔记》等作品在IP运营方面做得也很成功。

版权经营阶段的最大特点是，国内优秀的IP公司通过各种方法做了各式各样的合作尝试，在中国互联网高速发展的技术基础和具有极大增量空间的市场环境下，IP行业在集体寻求新的市场合作机会。

（3）孵化运营阶段

所谓孵化运营阶段，就是从零开始孵化一个作品。这是一个从无到有的过程，因此整体制作周期比较长。

《择天记》是IP孵化运营阶段的典型案例。它最早是阅文集团的产品，后来在平台更新同名漫画和动画，最后被开发成电视剧。从产业观察角度来看，《择天记》是一个从无到有的经典IP。类似的案例还有《三生三世十里桃花》等作品。

在横向产业链中，IP 的孵化运营被叫作全版权运营，有时也被叫作全版权的孵化。

（4）世界观的设计

世界观的设计阶段需要 IP 从业者去积极思考。世界观的设计能解决很多问题，不仅可以通过完善的体系和机制增加作品合理性，还能让同一世界观下的不同 IP 角色联系更紧密，让 IP 更具延展性，大大降低 IP 运营者的风险。

世界观的设计在西方已有不少成熟的案例，比如漫威的《指环王》《冰与火之歌》等 IP 作品，都是在庞大的世界观体系上进行设计的。然而世界观体系的设计需要极为庞大的资源支持，对业务运营能力的要求也很高，是一件非常复杂的事情。

3.体验

从某种角度来看，品牌是因为体验而产生的，它是一种体验后的感受认知，更是一种在目标消费者心智空间中的投射。这种投射需要品牌通过产品、服务、传播、渠道终端、销售与服务人员等多个运作来建立，是消费者通过自己所看、所听、所用，再结合自身的经验与习惯，所形成的对于品牌的主观上的认知和判断。

如果消费者将潜意识里关于品牌的碎片化记忆和联想全都整合起来，就会形成对品牌的综合认知。品牌存在的根本目的是标识自己，让消费者区分与记忆自己，以便在同质性竞争总获胜。通过 IP

运营，品牌可以满足用户的情感需求和想象，凭借独特的IP形象迅速被区分和记忆，同时获得用户的喜爱与认可。

品牌想做大做强，就得先打破传统的思维方式，不仅要做好产品和服务，还要细心钻研，努力以这些产品和服务为基础，在IP运营的过程中营造用户体验，产生和消费者的情感共鸣。

4. 转化

在IP化运营过程中，转化至关重要。这里的转化主要指将普通受众转化为IP粉丝。超级IP往往具有吸引人的价值观，可以通过对故事的多元演绎展示自己独特的个性和鲜明的形象，与受众进行情感联结，然后通过共情获得消费者的认同与喜爱，从而将普通受众转化为IP粉丝。

鉴于此，做好IP粉丝转化的核心工作是打磨出吸引人的价值观，设法建立鲜明有个性的IP形象。

5. 上新

IP化运营过程中，也不能忘记上新。只有不间断地输出新鲜事物，才能维持用户对自己的记忆，不被人轻易忘记。同时上新也是增加IP新鲜感的重要方式，可以给IP注入新鲜血液，保持IP具有旺盛的生命力与活力。

品牌IP化运营陷阱与规避措施

IP化运营过程中，往往也会遭遇陷阱，以至于花费了大量时间和精力，还无法取得预期效果。下面就来简单介绍一下品牌IP化的运营陷阱与规避措施吧！

1. 品牌IP化的运营陷阱

IP化运营过程中，企业很容易遭遇以下六个运营陷阱：

（1）将IP当成吉祥物而非角色

很多企业在进行品牌IP化运营时，会将IP当成某种形象或者吉祥物来塑造，这无疑是一个极大的误解。真正的IP是有生命有灵魂的角色，而非没有灵魂的贴纸或玩偶。因此要想做好品牌IP化运营，企业必须做好内容，打造有生命力的角色。

（2）把IP当成企业VI去做

IP和VI完全是两个概念，如果将IP比喻为亲手建房子，VI就好比装修房子。运营IP怎么能跳过建房的过程直接进行装修呢？

（3）把IP当成价值观的传声筒

很多企业直接将品牌理性定位和企业价值观要求当作IP和内容营销的指引，结果不仅做不出吸引人的IP，更造不出打动人心的内容，只能自娱自乐，无法实现内容营销的种草自传播。

（4）把价值观当成世界观

很多企业将IP的价值观当成世界观，结果导致无法进行情境创作。事实上，IP的世界观和价值观是两个不同的概念，世界观是创造情境世界的设定能力，而不仅仅是价值观。IP极其需要情境，有情境才有IP的成功。

（5）把IP加上广告语

与需要有广告语的广告不同，IP无须广告语，主要通过角色、情境、内容与受众产生直接的情感共振，这也是IP内容和广告内容之间最显著的差异。

（6）把IP放在外面，不从内到外

在IP运营过程中，从内到外主要指IP必须紧密结合产品、渠道和服务。

有些企业在进行品牌IP化运营时，只专注做微博、微信、抖音这类线上宣传，企业内部却如死水一般波澜不惊，这就是典型的将IP放在外面的行为，这种面子工程必然难以取得良好的成效。

2.如何避开品牌IP化的运营陷阱

避开品牌IP化运营陷阱可以从以下六方面着手：

（1）扣住运营

只有将内容营销与企业运营紧密结合在一起，找到与行销紧密结合的场景，做到产品内容化、渠道内容化、服务内容化，才能实现真正有效的内容营销。

要记住，IP才是企业发展的最大助力，因此要将IP和产品、渠道、服务紧密结合，甚至让产品、渠道、服务进一步成为IP。这种结合关系越紧密，就越能持久地发挥IP价值，进而提升品牌及整个企业的价值。

（2）找到共情

IP定位和品牌定位不同。品牌定位的本质是留印，让人们在显意识里留下对品牌的认知与印象；而IP定位的本质是让人们在潜意识里产生人性情感的持续共振。

因此，企业在进行品牌和IP建设时，最好选择双管齐下，通过双规共建，不仅能为IP打造相对独立的发展体系，而且能让IP真正定位于更深层次的人性情感，使得IP更加潜意识化，也更加走心。

（3）建立情境

除了与消费者进行情感共振外，品牌还必须搭建可以共享的情境。在建立情境的过程中，要将情境与互联网、数字化结合在一起，

品牌 IP

并逐步向IP化虚拟世界发展。

此外,情境的建立还必须有世界观的指导,世界观就是创造情境世界的主要设定。只有在世界观的指导下,IP才不会单薄独立,才能建立广阔有纵深的、可以发展成生态的IP。

(4)角色塑造

成功的IP必须是角色,而不能仅仅是形象,因此在进行品牌IP化运营过程中,必须注意塑造IP角色。

如何才能设计出个性饱满、风格有趣、功能独特的IP角色呢?我们可以采用"IP角色三步法"。

"IP角色三步法"要求品牌先从IP与人的关系出发,区分IP角色是自我投射型还是宠物伙伴型,然后根据IP角色的不同类型进行不同的三观设计,进而组合潜意识的六种能量,最终设计出一个感染力高、关系明确、三观清晰的IP角色。

(5)积攒内容

企业毕竟不是纯文创机构,对很多品牌IP来说,不一定需要完整的故事,可以通过积攒适合品牌且有故事感的内容素材,来进行品牌IP化运营。

那么,究竟什么样的内容素材是适合品牌且有故事感呢?例如,江小白表达瓶这类产品包装上的经典语录、M&M巧克力豆公仔这种有趣角色的造型变化、各种IP联名产品、各种IP跨界创意活动以及各类直播表演和带货，都属于适合品牌且有故事感的内容素材。

变形金刚就是一个通过积攒内容素材来进行品牌IP化运营的经典案例。变形金刚的IP形象最早是由日本多美公司设计的，后来卖给了美国孩之宝公司，主要用于制造玩具。为了推销变形金刚玩具，美国孩之宝公司不断推出以变形金刚为主角的故事内容，先是制作动画片，然后授权进行电影制作，进而衍生出一系列相关的IP产业链，使得变形金刚这一IP成为经典。

总之，IP内容素材必须经过长时间的积累，才能发挥越来越大的效应。然而这要求在IP化运营一开始，就拥有正确的方向指引，否则一切都是徒劳。

（6）沉淀符号

文化符号是IP发展的成果，一旦品牌的产品、渠道和服务通过IP化发展沉淀成文化符号，就会产生巨大而持久的能量，赋能品牌取得长久的成功。

在沉淀符号过程中，品牌不仅要从文化母体中汲取旧符号，还要努力创造属于自己的新符号。从文化母体中汲取的旧符号无法提供足够的认同力，只有通过新文化创造形成属于自己的新文化符号，才能真正长久地获得消费者的认同。

文化符号虽然属于形象，但已经超越了形象；虽然来自故事，但已经超脱了故事；虽然源于文化母体，但又创造了新的文化。企

品牌IP

业在进行IP开发时，首先要关注文化符号的设计工作，这样才能保证未来的顺利和成功。

总之，在进行品牌IP化运营过程中，永远离不开五个关键词——共情、情境、角色、内容以及符号。品牌进行IP化运营的真正目的不只是提升品牌形象，更是和消费者进行有价值的长期联结。

◆ 案例分析：网易通过IP化运营，让"小众"产品成了"自主IP"

在众多IP化运营的案例中，网易《第五人格》的IP化运营算是一个经典。在创立初期，《第五人格》曾一度被认为是某种"小众"的产品，结果这个"小众"产品却在上线后短短10天内突破1000万DAU，在手游市场上掀起了一阵"非对称竞技"的游戏旋风。

除了上线后取得的初步成功外，《第五人格》在后续运营中也创造了不少惊喜，不仅持续丰富了游戏生态内容输出，还成功打透圈层，在UGC、电竞、IP联动等多个领域取得了极为亮眼的成绩，这让原本被定位为"小众"产品的《第五人格》成功走向大众化路线发展。

《第五人格》之所以能从"小众"产品成为"自主IP"，离不开网易公司的IP化运营。笔者简单介绍下网易公司是怎样运营《第五人格》的。

1. 不断进行内容创新

从上线时被定为"小众"产品，到成长为市场上最具代表性的风格化产品之一，《第五人格》的成功与IP运营方不断进行内容创新有密不可分的关系。

此前《第五人格》就对"非对称追逃"玩法进行了合理的还原及调整，引得众多玩家对此津津乐道。除此之外，《第五人格》仍在源源不断地进行内容创新，不仅给老玩家带来了新鲜感，而且不断吸收新粉，维持IP良好的内容生态及玩家黏性，让这个IP一直保持着蓬勃的活力和生命力，可以长期"保鲜"。

例如，在此前的三周年庆典中，《第五人格》就推出了名为"孤月女校事件调查"的全新主题活动，侦探们将与"真相小姐"一同前往孤月女校，在沉浸式的游戏体验当中探寻其中隐藏的秘密。该主题活动包含了大量的剧情和对白，还推出了全新的限定周边礼盒以及配对时装，用来补充平行世界故事。

随着全新平行剧情的加入，网易公司正式公布了与平行剧情相关的企划海报。该系列企划海报还有一个十分应题的名字——"真理之下"，一语双关的同时完美契合了《第五世界》的世界观和独特风格。

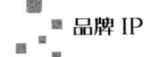

2.通过"伏笔"打造独立于主线之外的平行世界框架

据了解,在三周年庆典的追加剧情中,还会对两周年庆典中的相关故事线和伏笔进行回收,以串联原本碎片化的叙事,从而形成一个完整的平行世界。

现在同类游戏的生命周期大多短暂,敢于像《第五人格》这样跨越长时间的时间叙事回收"伏笔",花费大量时间和精力去打造独立于主线之外平行世界框架的游戏运营方简直凤毛麟角。

然而这种对于内容的精心打磨使得IP更具魅力,通过高质量的内容输出,不仅可以营造好口碑,更能获得玩家的认可和喜爱。

3.IP联动+跨界合作

如果说适配移动端的玩法设计和持续不断的内容创新是《第五人格》成为爆款的基础,那么,"IP联动+跨界合作"的双重打法就是让《第五人格》突破到大众圈层的"催化剂"。

早在游戏运营初期,《第五人格》就疯狂和众多经典IP进行联动,尤其是与《伊藤润二惊选集》和《剪刀手爱德华》等悬疑系作品的联动宣传,因为与游戏本身夸张独特的"蒂姆伯顿风"美术风格极其适配,因此收到了良好反响。

随着市场上IP联动营销的越发成熟,《第五人格》也不断扩展联动范围,与《名侦探柯南》《女神异闻录》以及《枪弹辩驳(弹丸论破)》等现象级IP都有过合作,不仅收获了大波热度,还成功引流了众多经典IP粉丝。

在这之后,《第五人格》还开始将IP联动方向从悬疑题材过渡到更多领域,除了推出和GSC、Ashley wood以及《太鼓达人》合作的联名周边外,还与淘宝、QQ、KFC等品牌进行跨界营销。

通过各种IP联动和跨界合作,《第五人格》不仅在游戏内持续为玩家增添惊喜感和新鲜感,也不断尝试打破游戏与现实之间的"次元壁"。在网易持续IP化运营下,《第五人格》已经将自己的影响力从最初的非对称竞技领域逐步辐射到现实生活中,不断刷新人们对IP的认知。此前《第五人格》还捐赠了安康图书馆,目前已经成功落成并启用,在现实中传递自己的善心与帮助。

回顾《第五人格》的IP成长历程,我们知道了玩家称它为站在品类之巅的非对称竞技产品的原因。《第五人格》游戏一经上线,便迅速火遍全网,短短一个月的时间内,游戏注册用户就突破5000万;一年后势头依旧强劲,用户量翻倍飙升,突破1.5亿;两年后仍在持续发展,注册用户已经超过2亿……

用户的快速膨胀并没有冲昏《第五人格》IP运营方的头脑。网易公司趁热打铁,继续深耕内容运营,不断对IP进行完善和升级。通过频繁的IP联动和跨界合作,《第五人格》成功实现破圈宣传,不仅成功让众多手游领域以外的人知道了自己的名字,更让玩家在现实生活中也看见了它的身影。

品牌 IP

  通过网易公司成熟的 IP 化运营,《第五人格》成为整个手游市场上最具风格化的标杆之一,游戏本身夸张独特的"蒂姆伯顿风"美术风格也成了《第五人格》的标志性特征。

  如今许多人提起《第五人格》时,已经不仅仅指这款产品,而是在说由网易公司打造的"蒂姆伯顿风"IP。毫无疑问,原本被定位为"小众"产品的《第五人格》已经成功走进了大众圈子,并作为"跨圈IP"被市场和玩家所认同,逐渐成长为网易公司的又一个自有IP。

第七章

品牌 IP 化后的跨界衍生

各种 IP+ 品牌 + 产品跨界联合背后的深层原因

最近 IP 和品牌联动之势越发凶猛,出现了不少经典又有趣的案例,也因此引发了众多的关注与讨论。尤其是奥利奥品牌,将饼干变着法地玩出了各种花样,不得不叫人佩服设计者们的脑洞大开。

首先是与知名 IP《权力的游戏》的宣传片联动。

在《权力的游戏》最终季开播之前,剧作出品方及其片头制作公司 Elastic 及奥利奥合作,上传了奥利奥版的《权力的游戏》片头。片中,一座座黑色的奥利奥饼干城堡拔地而起,加上牛奶夹心铺展成的雪地,配上原著经典片头曲《Main Titles》,让不少权游迷们直呼内行。

据了解,整个动画 1∶1 还原了《权力的游戏》片头开始的维斯特洛大陆场景,而且细节极为精致,甚至连每一片叶子都是由饼干叠加递增出来的,整体使用的奥利奥饼干多达 2750 块,简直就是将自家的饼干当成乐高在拼。

这种独具匠心的精美创意,自然获得了不少网友的称赞和传播。

第七章
品牌 IP 化后的跨界衍生

宣传片仅仅在 YouTube 上上传不到一周，就获得了数百万的点击率，热度相当之高。与此同时，奥利奥还推出了《权力的游戏》限定款主题饼干，黑色的外包装上是坐在铁王座上的联名款奥利奥饼干，奥利奥商标变成了银色金属质感的样式，以保持风格统一。内里的饼干上，还分别印着剧中兰尼斯特、坦格利安、史塔克和异鬼四大家族的专属徽章图腾。产品从里到外，都做得相当精致，而且很契合《权力的游戏》的整体风格。

除了和《权力的游戏》联名外，奥利奥还和故宫进行合作，携手发起了一场"启饼皇上，共赴茶会"的邀请。这次的故宫版东方史诗级大片更加宏伟，为了展现故宫的恢宏场景，足足动用了上万块饼干，制作了一座巍峨的紫禁城。

不仅如此，片中的月亮是由一块黑白相间的夹心饼干制成的，日晷是雪白的奥利奥饼馅，就连石狮子也是由一块块黑白奥利奥组合出来的，相当精美。

可以说，奥利奥熟知 IP 的真正精髓——文化符号，因此将自己最具文化标识的黑白夹心饼干直接当成 IP 形象，像乐高玩具一样用演绎故事，巧妙而直接地完成了品牌 IP 化。

奥利奥与故宫的联合，也是一次深刻的东西方文化交流。宣传片在原有中国风人设基础上，采用时下较为流行的偏西方动画形式进行制作，让奥利奥版的故宫既庄严，又充满活力，洋溢联名所特

171

有的"文化新味"。

除了奥利奥外,国产品牌在跨界营销方面也毫不示弱。前文中提过的"大白兔"品牌和"郁美净"合作,共同推出大白兔奶糖味唇膏,就引起众多关注。众所周知,"大白兔"是经典品牌,素来以制作奶糖闻名。甚至很多人一提起"大白兔",第一反应就是奶糖。这种打破产品界限的跨界营销形式,无疑刷新了外界对于"大白兔"品牌的认知。

还有三只松鼠,前文中提到的三只松鼠的IP形象也由平面变成动画,不仅推出了《三只松鼠》系列动画片,还生产了一系列周边玩偶,成功进军二次元。通过深受孩子喜爱的方式,三只松鼠偷偷打入消费者家庭内部,大大提高了品牌知名度。

从上述例子可以看出,如今各种IP+品牌+产品的跨界联合的案例层出不穷,其背后究竟有哪些深层原因呢?

1. 全网络全媒体时代注意力的极度稀缺

相关研究表明,现代社会人们能集中注意力的时间平均只有8秒,还不如金鱼的记忆力。而在这8秒之中,用于观看数字媒体广告的时间不到20%,也就是不超过2秒。

在全网络全媒体时代,信息大爆炸导致人们的注意力极度稀缺,传统营销方式也因此变得极其低效。要想在铺天盖地的营销广告中杀出重围,吸引消费者注意,IP营销无疑是绝佳选择。IP

天然能够唤醒人们的深层情感、底层记忆和长期情怀，能够有效对抗注意力散失，同时其本身自带的话题性也可以主动吸引人们的关注。

2. 产品快速满足用户快感也是导致IP+品牌+产品跨界联合的重要原因之一

在现代消费市场，3F模式已经成为常态。所谓3F，就是fresh（新鲜）、flash（快速）和fulfill（满足）三者的简称，这要求产品能够快速新鲜地满足用户所需要的快感。对于标准化产品而言，显然已经无法满足这样的消费需求。要想快速满足快感，就必须推出新潮产品，并将新潮产品与IP相结合。

3. 品牌要想突破限制，就必须跨界成为IP

品牌的基本属性是立足某一行业，然后深耕于此努力做大做强，而IP的基本属性则是跨界。其实品牌的深耕领域与IP的跨界运行之间并无冲突，反而可以相互结合，达到一加一大于二的效果。从营销和文化的角度看，一旦品牌跨界成为IP，就可以快速提升自己的影响力、注意力和连接力，并且通过IP反哺品牌，而这是传统营销无法做到的。

4. 跨界联合的最终目的仍然是情感联结

与只能提供价值观的传统营销相比，IP联合产品可以提供情感

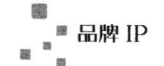

联结，通过共情迅速获得用户的喜爱和信任。

现代营销越来越看重品牌、产品和消费者之间的交互行为，而交互是要互相创造联结的。仅靠传统广告提供认知、兴趣和价值观，已经无法满足互相创造联结的需求，只有天然自带情感联结属性的IP才能很好地创造出新的联结与沟通。

因此，品牌必须努力与IP联合，甚至将自己变成IP，同时不断将更多其他经典的东西IP化，使其为己所用，从而为用户提供情感联结，这就是新IP营销的关键所在。

总之，万物皆可IP化，条条大路通IP。IP+品牌+产品跨界联合只是品牌在进行IP化过程中的一个尝试手段罢了。

◆ 品牌IP跨界营销应该这样玩

所谓品牌IP跨界营销，就是通过联合多个品牌IP进行跨界联动，从而达到一加一大于二的营销效果。这种营销手法如今在市场上不再稀奇，但是很多品牌对IP跨界营销的印象仍然只停留在联合推广上，因此取得的营销效果远远不如预期。笔者具体谈一谈品牌IP跨界营销究竟应该怎么玩。

前不久，六神花露水与RIO合作推出了一款花露水风味鸡尾酒，

第七章
品牌 IP 化后的跨界衍生

在网上引起了不少关注和讨论。网友直呼奇葩的同时，也纷纷好奇花露水喝起来究竟是什么口味，因此不由变得跃跃欲试。这款花露水风味鸡尾酒一经发售，便在17秒内被迅速抢光，可谓是既赢了流量，又卖了产品，可以称得上是近期品牌IP跨界营销中极具代表性的成功案例之一。

之所以说现在市场上有许多品牌对IP跨界营销的印象过于浅显，是因为跨界营销的关键在于通过多个品牌相互联合去发挥多品牌合力，而不仅仅是简单的"联合推广"。要想达到双方品牌在营销上的双赢，企业必须做到以下几点：

1. 相互借势品牌元素

品牌元素相当于企业累积的品牌资产，通过借用对方的品牌元素，能够为自己的品牌调性带来新意。比如通过和技术品牌联合进行跨界推广，就可以让品牌变得更有技术感。

这种方式也可以让品牌变得更加年轻有活力，因此跨界营销往往是实现品牌年轻化的有效手段之一。若企业认为自己的品牌有些跟不上时代潮流，想要变得更受年轻人欢迎，就可以寻找一些年轻化品牌进行跨界合作。

跨界营销可以加深品牌印象，同时为品牌调性注入新的元素，从而找到新的营销突破口，带来新的活力和增长。

2.扩大渠道覆盖

每个品牌的渠道不同,所覆盖的群体也会有所不同,因此跨界品牌营销可以借到对方的渠道资源,让自己的渠道变多,以覆盖到更广泛的目标人群。

以网易云音乐与农夫山泉的跨界营销为例,网易云音乐属于线上渠道,农夫山泉则属于传统的线下渠道,通过联合跨界营销,可以让网易云接触到更多线下用户,让农夫山泉接触到更多线上用户,将之前难以触及的用户聚拢在一起。

此外,同一种类的品牌也可以进行跨界营销。这其中的原理很像公众号互推,就算面对的目标人群相同,但对方品牌的渠道也很有可能达到你的渠道盲区。

3.引爆市场话题

跨界营销往往会被当作事件营销来操作,有很强的快闪性质,因此品牌双方必须在短期内集中资源引爆市场声量,以吸引用户的关注。

对跨界营销而言,新奇有趣的内容至关重要。不同品牌可以通过互补营造反差萌,正如前文所说的花露水风味鸡尾酒一样。新奇的内容自带话题度,有足够的噱头引发大众讨论,可以引发自传播。

4.突破场景流量

在移动互联网语境下,用户的时间和精力极容易被分散,因此抢占用户场景极其重要。通过跨界营销，就可以突破场景流量，抢占用户的使用场景，从而争取到用户更多的关注。

仍以网易云音乐与农夫山泉的跨界营销为例，这种跨界营销可以让大家一喝水就通过限定版的联名外包装想到网易云音乐，一用网易云音乐就因为推广广告想到农夫山泉。这就意味着，网易云音乐抢占了用户喝水的场景，而农夫山泉抢占了用户听音乐的场景，通过跨界营销，这两个品牌都突破了原有品牌的场景流量。

在进行品牌IP跨界营销时，要注意秉承一个核心理念，那就是"和而不同"，也就是要让相似的品牌量级针对一致的目标人群进行具有反差效果的营销宣传。

作为一种营销手段，跨界营销要求双方品牌的目标消费者一致，如果目标人群都截然不同，自然就没有跨界的必要。

此外，品牌IP跨界营销还要求联合的品牌彼此之间存在互补和反差，这种反差可以是渠道上的不同，可以是产品形态上的不同，也可以是产品调性上或者使用场景上的不同。只有存在互补和反差，才能营造品牌新鲜感，形成话题，便于传播。

一般来说，常见的跨界品牌联合形式主要有以下几种：传统产品与现代产品的联合、线上品牌与线下品牌的联合、国产品牌与国外品牌的联合、时尚品牌与大众消费品牌的联合等。要想进行跨界营销，首先选择合适的品牌进行联合，这点至关重要。

那么如何选择合适的品牌进行联合呢？

要想选择合适的品牌进行联合，品牌就必须分析自己的目标用户，进行用户画像。先分析出典型用户一天的行为轨迹，同时将各种生活场景细分出来，然后再通过用户场景分析——列出用户生活中有可能接触到的品牌，从中进行筛选。

在品牌IP跨界营销过程中，一般会使用以下几种跨界手法：

1.定制款产品

定制和联名是品牌IP跨界营销的常用手法，这种定制款产品往往是通过IP授权的形式来实现的。不管是亚朵酒店与知乎、网易云音乐等互联网产品的跨界合作，还是小黄人与ofo的跨界合作，抑或六神花露水与RIO的跨界合作，其本质都属于某种IP授权的定制。

2.快闪店及快闪活动

跨界营销作为一种事件营销，往往有一定的时效性要求，因此快闪店及快闪活动也是进行线下推广的很好选择。

此前饿了么就曾与网易新闻联合，推出了短短4天的丧茶快闪店。这类线上购买宣传造势，线下取餐的销售模式，属于品牌跨界营销的一种手段。

3.资源技术合作

企业进行跨界营销时，也会通过某一品牌方提供技术或资源进

第七章
品牌 IP 化后的跨界衍生

行活动推广或产品定制进行合作。例如 H&M 就曾邀请 CHANEL 的设计师为自己的品牌设计衣服，这就是在设计师这一资源上的跨界合作。据了解，苹果公司也曾和耐克联合推出过 nike+ 手表，其中也涉及相当高级的技术合作。

需要注意的是，品牌 IP 跨界营销基本上属于大公司的游戏，要求品牌 IP 本身具有一定的市场影响力，否则难以吸引大众关注。

此外，跨界营销是让品牌 IP 跨界，而不是只让 LOGO 跨界。有的品牌认为只简单发几张联合宣传海报，互相在海报上贴上对方品牌 LOGO，然后再互推一下微博微信，就完成了一次"跨界营销"，这种"跨界营销"自然难以取得预期效果。真正的"跨界营销"大多会在产品层面上进行合作，有时还会深入供应链、技术框架等层面进行定制，真正形成品牌价值的合力，而不是简单的资源互推和 LOGO 曝光。

要知道，品牌 IP 跨界营销玩的更多是内容。自跨界营销这种营销方式出现至今，主要表现形式没有太大变化。只有找到双方品牌的结合点与差异点，做出让人耳目一新的内容创意，才能获得用户和市场的认可。

品牌 IP

跨界营销中，品牌将 IP 定制玩出彩的方法

上文中笔者介绍过，在跨界营销中，IP 定制是一个常用的跨界手法。它可以帮助品牌与品牌之间发挥"一加一大于二"的合作效应，不仅可以扩大产品市场，带来更高利润，还能增强品牌的纵深度和立体感，提高品牌的知名度与品牌价值。

要想在跨界营销中将 IP 定制玩出彩，企业要从以下几点着手：

1. 选择好 IP

选择 IP 是 IP 定制的重中之重。从某种程度上来说，IP 定制就像品牌"联姻"，要想"婚姻"幸福，讲求"门当户对""志趣相投"和"优势互补"。在选择 IP 时，要综合考虑品牌特点、产品功能、消费人群、渠道资源等多个因素。

（1）门当户对

所谓"门当户对"，是指品牌与 IP 都要具有一定的知名度与影响力，只有彼此都有一定的市场资源，才能叠加品牌效应，实现双赢局面。

凡是成功进行跨界营销的品牌，几乎都有较高的知名度。在进行IP定制时，必须想好IP能否为产品带来赋能，尽量选择一些拥有较高人气和一定受众群体的IP。

其实在IP定制过程中，品牌与IP是一种相辅相成的关系。对IP来说，受欢迎的定制产品可以进一步提高IP的知名度，让其更具赋能价值。在进行品牌与IP联合时，除了考虑双方名气，还要求两者在品牌、营销思路与能力、消费群体、企业战略、市场地位等多个方面都有一定的对等性和共同性，这样才能最大限度地发挥出协调效应，使合作可以顺利进行。

（2）志趣相投

所谓"志趣相投"，是指品牌双方可以和平相处，彼此间不具备竞争性。

品牌跨界跨的主要是行业领域，通过跨界营销丰富双方品牌的内涵，实现双赢，因此尽量避免品牌竞争上的冲突。例如小米手机要进行跨界营销，必然不会选择华为、OPPO这些竞争对手，否则就不存在"跨界"之说，反而更像行业之间的联盟。此外，竞争品牌经常在市场上互相厮杀对抗，很难和谐合作。

（3）优势互补

所谓"优势互补"，就是要求联合的品牌彼此之间存在互补和反差，这种反差可以是渠道上的不同，可以是产品形态上的不同，也可以是产品调性上或者使用场景上的不同。只有存在互补和反差，才能营造品牌新鲜感，形成话题，便于传播和讨论，实现高质量的跨界营销。

需要注意的是，跨界营销中的优势互补主要指品牌能在消费体验上带来的丰富性，抑或合作双方在品牌内涵、消费市场、产品人气等方面进行互补，而不是产品具体功能上的补充。

ofo共享单车和小黄人的跨界合作，就是优势互补的经典案例，甚至一度被称为"天作之合"。ofo单车与小黄人的色调都是黄的，两者都在大众心中留下了深刻印象，都是品牌和IP的特有标志之一。除了黄色以外，小黄人的代表性标志还有那双大大的眼睛。ofo单车将这一标志融入自己的产品，推出"大眼睛"小黄车，不仅让自己的产品变得"更萌"，还赋予了ofo人格化的性格。而小黄人也因为在小黄车上的具象化而更加立体、有亲近感。通过这种创意的个性化结合，品牌和IP都丰富了自己的消费体验。

2. 用好联合的IP

选好IP之后，接下来就要思考如何使用的问题。要想成功借助IP的效应获得关注引爆人气，就必须在进行营销活动之前做好背景调查，综合了解和考虑受众市场、消费群体需求及特点等多方面信息。此外，在推出IP定制产品时，还要找准时机，选择合适的渠道，规划好相应的辅助营销策略。

在用IP进行产品定制时，必须注意以下几个要素：

（1）年轻的消费市场和受众群体

综合分析现在市场上的各大跨界营销案例，我们不难发现一个现象，那就是能够玩转跨界合作的品牌，大多是针对年轻人这一消费群体来进行策划和宣传的。

与其他群体相比，年轻人往往更追求个性和创意，不仅本身具有极为丰富的情感诉求，在消费层面上也需要更多的新鲜感。跨界合作可以让品牌与品牌之间产生碰撞，容易擦出火花，营造反差感和形象感，给用户带来全新的体验与惊喜。因此，跨界营销往往容易引起年轻消费者的关注和讨论，他们尤为在意，跨界营销中的创意与个性化设计。

因此，品牌在进行跨界合作和IP定制时，必须注意消费人群的特点，分析目标群体有什么样的需求，然后再根据消费者的需求来进行具体的设计和策划。

（2）固定粉丝的高强黏度

很多超强IP往往有一定的受众群体，这些忠实粉丝对于IP的忠诚度和喜爱度很高，愿意为自己认可的联名产品一掷千金。只要抓住他们的口味，获得他们的喜爱和认同，他们会自发为IP定制产品进行宣传和讨论，获得好的口碑和流量，实现高效能的营销结果。因此，品牌在进行IP定制时一定要考虑IP原有粉丝的态度和喜好。

品牌必须用心对待这类超强IP的忠实粉丝，让他们得到更好的消费体验，留下较好的品牌印象，尽量培养他们对品牌的好感，以便在日后继续成为品牌的拥护者和消费者。

（3）触动痛点的情感联系

建立情感联系也是营销策略中极其关键的一点，触动痛点的情感联系可以让消费者在精神层面对品牌产生信赖感和归属感，并因此成为品牌的长期稳定用户。在通过IP定制进行跨界营销时，品牌也要注重与消费者建立情感联系。

（4）提升价值的品牌融合

品牌和IP的融合可以进一步提升双方的价值。成功的IP定制产品不仅可以体现出IP与品牌的特点，丰富品牌内涵，为产品带来赋能，还能进一步提高IP的知名度。

如今，品牌与IP间的跨界和联合已经成为极其重要的营销手段。越来越多的品牌开始以"定制版本""联名限量版本"为噱头来进行产品推广，然而IP定制并不是粗暴地将IP元素生搬硬套在产品上，这种粗糙的拼合难以让品牌在消费者心中留下印象，无法真正达到IP联动的效果。要想做好IP定制，不仅要注重融合与新意，还要学会迎合年轻的市场，满足个性化的情感需求。

品牌 IP 衍生品研发三个标准与四项原则

品牌 IP 衍生品是品牌 IP 跨界合作的重要成果，那么如何才能打造出爆款的品牌 IP 衍生品呢？综合各大产品案例，笔者总结出品牌 IP 衍生品研发过程中需要遵循的三个标准与四项原则：

1. 品牌 IP 衍生品研发过程中需要遵循的三个标准

（1）大行业内小场景的产品化

所谓"大行业"，是指整个行业的市场要大，只有市场大了，才有更多的机会和流量。尽量少在小行业里做 IP 衍生品，因为这类行业能被关注和消费的概率实在太低，受众极其有限。

所谓"小场景"，是指足够具体和小的使用场景。品牌在设计产品时，必须找准一个单点功能作为切口进行说明，这个单点功能要足够地具体和小，这样才能让消费者快速找到代入感，进而继续了解和关注产品信息。

如果用一个铁块钻进一段木头，过程会很难，但若将铁块换成铁钉，就会简单得多。同理，在设计产品的时候，就要考虑到"绝

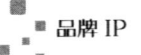

对长板"的概念。如果一次性向目标用户推送十几种功能，反而会让对方无感，但是将十几种功能都聚焦到一个主要功能上，就会大大提高目标用户的兴趣。

现代市场上有很多IP都在和彩妆、服装品牌进行跨界合作，推出了各种眼影、口红、服装、香水等联名产品。随着跨界合作的越发频繁，联名产品也越来越同质化，如何才能让消费者在众多类似的联名产品中选择自己的品牌呢？这就要求品牌在研发IP衍生品时，能够做出自己的新意。

所谓"小场景"，就是指制定统一标准做标品。如果不做标品，就要针对每个消费者进行一对一研发，这种量身定做所生产的成本会相当高昂，只有依靠极高的产品单价才能实现产品的批量化交付，而提高产品单价无疑会影响销量、缩减用户群体。

当然，如果是奢侈品牌，是可以承担这样的成本的，毕竟奢侈品牌的受众群体就是高端小众人群。但对于大部分品牌来说，不做标品将会承受极大的成本压力、面临极大的运营风险。

（2）满足目标用户特定需求

IP衍生品和普通商品一样，基本功能就是用来满足目标用户的特定需求。

从消费者角度来看，之所以会为IP衍生品埋单，无非是出于两点考虑：一是为了解决自身所面临的问题，二是为了给自己带来某

第七章
品牌 IP 化后的跨界衍生

种价值。

"解决问题"这一需求很好理解，主要购买的是 IP 衍生品的功能属性。例如你需要一个充电宝，在选择消费时正好看到了某品牌和美国队长的联名，因为喜欢美国队长，很快就下了商品订单。此时 IP 衍生这一因素只是促使你在众多同质化产品中做出选择，而不能让你直接决定购买商品。如果此时你不需要充电宝，自然也不会进行这类消费。

和"解决问题"相比，"创造价值"对消费者来说属于重度决策。有时消费者不是为了产品的功能属性消费，而是为其附着价值埋单。也就是说，不是因为想买充电宝，才选了美国队长联名款的，而是因为想买美国队长的联名才选了充电宝。

总之，衍生品只是一个载体，目标用户对于 IP 和产品的感知价值才是消费的核心驱动力。在进行品牌 IP 衍生品研发时，必须将用户容易感知的 IP 价值做成一个价值体系，然后尽量让目标用户容易接触和感知这一价值体系。

（3）产品颜值

随着生产力的迅速发展，消费者对商品已经不仅仅满足于功能需求，颜值也成为产品研发的重要考虑因素。消费者尤其是年轻一代的消费者在购买商品时，往往更关注产品的外壳造型。在进行品牌 IP 衍生品研发时，也要迎合消费者的审美取向。

2. 品牌IP衍生品研发过程中需要遵循的四项原则

（1）注意寻找增量市场

所谓"增量市场"，是指需求远大于供给的细分市场窗口期。作为窗口期，增量市场既不是一个固化的市场，也不是一个固化的时间，而是一个一连串动态的过程。因为需求大于供给，所以此时客户的消费需求会很高，也会轻易做出购买决策。

（2）必须进行单点突破

除了向外寻找增量市场以外，品牌还要向内进行单点突破，在进行品牌IP衍生品研发时，尽量将IP的诸多特点压缩成一个重点，以此作为突破口去争夺市场。

（3）找到可以运用进场景的功能点

场景可以提升用户的消费欲望，品牌在研发IP衍生品时必须找到一个可以运用到场景中的功能点，将其放到具体的场景中去，然后通过场景与目标消费者互动，来提升消费者对于品牌形象的认知，最后通过一系列互动行为诱导目标用户进行消费。

（4）选择与用户买点重叠的产品卖点

一个品牌IP衍生品一般至少有10个卖点，例如外观设计好、质量品质过硬、做工精细用心……这些都属于目标消费者容易感知的卖点。然而有时候品牌费心费力设计了一大堆卖点，宣传也做得十分到位，结果却统统被消费者忽视，无法达到预期结果。究其根本，这是因为对消费者来说，他们更在乎自己想买什么，而不是商家想卖什么。

因此，品牌必须选择与用户"买点"重叠的产品卖点进行IP衍生品研发，还要对目标用户的消费行为习惯进行深入研究。只有让自己产品的"卖点"与客户的"买点"重叠，才能打动消费者的心。

◆ 品牌IP衍生品内容种草带货的底层逻辑

随着互联网信息技术的迅速发展，短视频和直播产业越来越发达。近年来，在这两个领域常能听到一个新兴词汇——"内容种草"，内容种草带货已经成为产品营销推广的重要手段之一。

其实对于品牌IP衍生品来说，也可以借助内容种草进行产品推广。笔者简单介绍几个关于内容种草带货的底层逻辑：

1. 什么是内容种草

所谓"内容种草"，就是通过短视频或直播中主播的内容输出，展示产品的内容亮点，以引发消费者对产品的关注和购买意向，起到带货的作用。

和传统营销先推品牌再推产品的模式相比，内容种草模式直接跳过品牌宣传，进入产品销售环节，这就大大增加了中小品牌制作爆款的可能。在内容种草带货的运行逻辑中，只要产品有亮点，就能得到消费者认可，这大大节省了宣传品牌的营销费用。

内容种草式带货之所以流行，本质上还是因为新时代年轻消费群体在消费观念上的改变。对现在的年轻消费者来说，比起对品牌背书的信任，他们更在乎互动环节的体验。

需要注意的是，并非所有的品牌IP衍生品都可以通过内容种草带货。

内容种草带货强调的是"大单品战略"，这要求产品必须有一个绝对的亮点和特色，而且亮点和特色越稀缺、越有噱头越好，这样才能引起消费者的关注和兴趣。事实上，目前很多品牌IP衍生品都只在包装造型上融入IP元素，在市场上有大量的同质替代品，这种产品并不适合内容种草带货。要想通过内容种草带货，品牌还要在产品开发研究时进行更多的创新。

2. 如何发掘目标用户的种草点

内容种草带货的核心是"大单品战略"，而大单品战略的核心则是"种草点"的寻找。

值得注意的是，品牌在进行产品开发时最好选择微创新，而不要做过于颠覆的设计理念。过于颠覆性的设计会让消费者在接受和认知产品时产生一些障碍，而这必然会影响品牌产品的销售。与之相比，微创新是在社会已知的产品范围内针对某一特定需求进行的创新和改良，能够大大降低消费者的认知成本，快速促成消费行为。

那么，究竟如何发掘目标用户的种草点呢？笔者简单介绍几个品牌IP衍生品种草点的发掘方法：

（1）重新规划产品逻辑

若论2019年最火的产品是什么，无疑是盲盒。除了泡泡玛特等潮流品牌外，各大彩妆、服装、食品甚至生活用品行业，也纷纷推出了各类盲盒产品。

盲盒之所以能火，除了行业巨头的大肆营销宣传以及各类联名产品的层出不穷外，最根本的原因在于它戳中了人们对于"惊喜"和"收集"两方面的生理癖好。盲盒不仅能让买家的消费体验变得更有惊喜感，收藏难度的上升还会激发粉丝的收集欲望。

（2）外包装的再设计

品牌IP衍生品外包装的再设计主要分为两类：一类是IP授权的品牌联名产品，另一类则是IP与其他领域流量的"合作款"。如何结合IP元素，对产品外包装进行再设计，也是至关重要的。毕竟现代人大多有"外貌主义"倾向，尤其是年轻一代消费者在购买商品时，往往更关注产品的外壳造型。在进行品牌IP衍生品外包装再设计时，不但要注重体现IP特点，还要迎合消费者的审美取向。

（3）不同使用场景的设计

有些品牌IP衍生品可以根据使用场景的不同实现不同的功能和使用情景，这就大大增加了它的被使用频率。

在进行内容种草时，短视频播主和直播播主们也可以通过剪辑尽量还原这些产品的不同使用场景，方便观看者产生带入体验，大大增加了产品的吸引力，能够提升消费者的购买欲望。

（4）找背书帮忙宣传

对于品牌IP衍生品来说，信任背书仍然是相当重要的种草渠道。

在各大直播间和短视频内容中，我们常常看到"××明星同款""××专用""××强烈推荐"等话术。虽然找明星背书的宣传营销成本较高，但不可否认，明星具有一定的粉丝受众，凭借着明星的影响力，可以迅速扩大品牌知名度，建立品牌信任，甚至拉动销量实现直接增长。

与普通商品相比，IP衍生品有一个天然的优势——IP本身。如果IP的影响力足够大，自然容易带动IP粉丝关注相关的衍生产品，甚至有些IP人物还可以作为形象人直接为品牌背书。

此外，还有一种背书方式就是找自媒体大V进行宣传。此背书方式多见于各种成功学书籍，例如书店出售的各种"马云推荐""雷军推荐"书籍，在各大知识付费平台首页，也经常看到类似的宣传标语。

第七章
品牌 IP 化后的跨界衍生

（5）定制款产品

定制款产品是品牌 IP 衍生品中的重要内容，不过其前提条件是"柔性供应链和物流的高效配合"，只有这样，才能取得理想的宣传效果。

通过定制款产品，可以打造产品的差异化，让消费者有可供炫耀的机会和资本，增加互动感和荣誉感，大大提升购物体验。

需要注意的是，在进行品牌 IP 衍生品内容种草带货时，必须集中介绍 IP 衍生品的 1～2 个核心点。有些博主带货时总是 360 度无死角地各种称赞推荐产品，想要把产品的所有卖点都介绍得清清楚楚，以便消费者知道自己推荐的产品有多好。其实这对内容种草而言，反而是一种错误的种草方式。

在信息大爆炸时代，消费者的注意力有限，很难记住某款产品的全部亮点，而是只关注自己关心的部分。是否购买，往往在第 5 秒的时候就已经决定了。因此在种草带货时，必须聚焦 1～2 个核心点来深挖痛点和痒点。此时单刀直入是最有效的办法，虽然简单粗暴，但是效果很好。

如果品牌进行多个 KOL 的内容种草推送，需要把控内容的方向，避免出现问题。

此外，产品的名字也十分重要。越接地气的产品名字越能让消费者通过名字记住产品。要想起好适合产品的名字，可以先找准衍

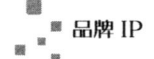

生品的某个卖点，然后用生活中比较有场景感或者画面感的通俗意象去承载它。衍生品的卖点最好和使用场景或功能有所关联，这样才能让消费者记忆深刻。

品牌IP渠道资源整合赋能变现的三种方法

纵观中国IP产业，你会发现许多IP公司在早期都涉及过广告业务或者平面设计业务，这是因为在品牌与IP合作的初级阶段，很多品牌看重的主要是IP方的平面设计和包装设计能力，往往会请IP方替自己做外包设计。在这种阶段，品牌合作方几乎就是IP公司的全部业务收入来源，而IP公司的主要业务也是平面设计和包装设计。

近年来随着IP产业的发展，IP公司的创收渠道越来越多。如今对于品牌而言，IP授权更多代表的是一个营销的噱头和契机，而对IP方来说，与品牌的合作则是让自己IP落地的最直接方式。在这个过程中，品牌和IP可以通过渠道资源整合实现赋能变现。

总体来看，品牌IP渠道资源整合赋能变现主要有三种方法：通过设计资源整合赋能变现、通过营销资源整合赋能变现以及通过渠道资源整合赋能变现。

1.通过设计资源整合赋能变现

品牌IP可以通过整合设计资源实现赋能变现,其中设计资源主要包括三个方面:一是平面设计的资源,二是包装设计的资源整合,三是产品设计的资源。

这个方法在早期品牌IP合作中十分常见,不过那时IP方的赋能变现渠道较为单一,除了提供平面设计和包装设计技术以外,几乎没有其他用于给品牌赋能的手段。

(1)平面设计的资源整合

在品牌IP渠道资源的整合过程中,IP方可以通过自己对目标消费群体的认知以及审美喜好的判断,快速地提升品牌公司的平面设计能力,通过用目标消费群体喜欢的设计语言和方式,帮助品牌设计出符合目标消费群体审美的产品,以便后期的对外宣传、推广和促销。

(2)包装设计的资源整合

IP可以重新解读品牌理念,为品牌提供更高端的包装设计审美和技术。品牌可以将IP元素融入自己的设计,推出新的包装,用更有新意的设计表现手法把传统产品玩出新花样,从而实现产品促销。

例如,羽西品牌的王牌产品是"羽西灵芝生机焕活精华肌底液",多年来,羽西做了许多营销跨界活动,例如推出与《新华字典》联名款的女包等。除了跨界推出新产品,羽西还常常和各大IP

联名，设计了各种限定款包装，然后将自家的灵芝水注入各种不同的包装中进行销售。此前羽西就和颐和园合作，推出了限定颐和园包装的灵芝水。该款灵芝水包装加入了金色窗棂等颐和园宫廷楼阁建筑元素，十分精美，开售首日就销量破万。通过这种IP联名，羽西给自己的品牌包装注入了不同的元素理念，大大增加了消费者对产品的新鲜感。

（3）产品设计的资源整合

品牌可以用IP的语言和风格重新解读市场潮流和爆款产品，然后在此基础上进行产品促销。

2.通过营销资源整合赋能变现

现在的许多IP本身就具有一定的知名度，自带话题流量和营销推广渠道。这些营销推广渠道可以为品牌方使用，实现营销资源整合赋能变现。

品牌可以借用IP的曝光渠道，利用IP的认知度迅速实现产品的宣传和营销推广。与此同时，IP也可以通过爆款衍生品增加自己的曝光率，提高自己的知名度，实现反哺和双赢的局面。

3.通过渠道资源整合赋能变现

渠道资源整合赋能变现是品牌IP赋能中最重要的一个领域。如果一个IP方能被目标消费群体认可和接受，那么也会被针对这一消

第七章
品牌IP化后的跨界衍生

费群体的渠道方所接受，从而掌握渠道资源。

通过渠道资源整合，可以实现"链条式正向反馈"：IP有知名度和受众粉丝，和品牌联名后推出IP衍生品吸引消费者购买，IP衍生品畅销之后不仅品牌赚钱，IP方赚钱，渠道也可以从中赚钱。

例如，当初小猪佩奇IP大火的时候，名创优品及时抓住了商机，迅速拿到了小猪佩奇的IP授权，推出了一大批与小猪佩奇相关形象的品牌IP衍生品，尤其是小猪佩奇玩偶、小猪佩奇挂件等毛绒衍生品。产品一经上架，就受到了众多喜爱，销量飙升，赚取了大量利润。而小猪佩奇的IP衍生品畅销也让更多人接触和认识到小猪佩奇这一IP，IP方在获得高额授权费的同时，也提升了自己的知名度和影响力。

凡是成熟的IP方，必然拥有众多的品牌合作方。越是出名的IP，就越容易卖出IP授权，合作的品牌方和联名的产品也会越多。IP方可以整合自己和各大品牌方联名推出的衍生品，进行借势营销。例如，如果某个和IP合作的品牌正在某知名商场举办与IP联名相关的主题活动，此时IP方就可以以资源整合者的身份，联合众多不同品类的被授权商家，进行联合促销。

对品牌而言，这种资源整合下的借势营销十分有效。有的消费者想要购买彩妆，发现有IP联名系列后进行咨询了解，如果此时恰好有同IP联名的香水促销，很容易引起消费者的兴趣，诱导他们进

品牌 IP

行消费行为。在联合借势营销过程中，IP方更多的是承担了串联和沟通的角色。

此外，IP方进行IP营销和举办线下活动时，也可以组织所有和自己有IP合作的品牌前往活动现场，进行产品促销和销售。

◆ 案例分析：腾讯品牌通过IP跨界营销吸引年轻人

近年来，品牌在进行宣传和营销时，越来越青睐于和IP进行跨界合作。作为跨媒介内容运营形态，IP不仅具有较高的商业价值，而且拥有较强的生命力，可以迅速争抢到粉丝的注意力，便于推广传播，在打造品牌效应方面很有优势。

此前，日本著名漫画杂志《周刊少年 JUMP》在50周年庆典之际，和优衣库进行了跨界合作。优衣库将《银魂》《火影忍者》《海贼王》等JUMP旗下的经典IP形象印上自己的T恤，让不少动漫粉重燃当初热血中二的青春记。该系列联名引发了众多关注和讨论，联名产品开售后不久就被一抢而空，再度证实了这些经典优质 IP 在圈粉和带货上的超强实力。

最近，IP跨界营销开始出现一些新趋势，以往IP跨界营销主要

第七章
品牌 IP 化后的跨界衍生

是在人们熟悉的影视、游戏领域，现在却开始向电竞、动漫等门类扩散，不仅在植入上变得更加有深度，在玩法上也更加讲究互动性和丰富性。

在 IP 跨界营销方面，腾讯互娱无疑是行业的翘楚。以腾讯游戏为例，目前腾讯游戏无论是用户数量还是收入规模，都做到了全球第一，多年来进行的品牌合作已经超过 200 个案例，覆盖了 20 多个细分行业。此前腾讯游戏旗下的《王者荣耀》不仅和宝马品牌合作，推出了宝马 1 系赵云引擎之心的皮肤植入，还与雪碧品牌进行暑期整合营销，打出"清爽爆击，打成一片"的联合宣传广告，联名形象的限定版汽水产品也深受大众欢迎，获得了很好的销量。

在这些成功的 IP 跨界营销案例背后，隐藏的是腾讯互娱"FUN 营销"的 IP 跨界营销方法论。在中国市场，腾讯互娱拥有的 IP 数量相当强大，在游戏领域，除了头部游戏产品《英雄联盟》《王者荣耀》以外，还有《斗破苍穹》《堡垒之夜》《圣斗士星矢》等佳作；在动漫领域，有《一人之下》《狐妖小红娘》等优质 IP；在影视领域，则有《古董局中局》《藏地密码》等口碑作品。无论是游戏、电竞还是动漫、影视，都是腾讯互娱持续发力的泛娱乐营销领域，在跨界营销大趋势下，他们的品牌营销策略十分值得借鉴与参考。

那么，究竟什么是"FUN 营销"呢？

所谓"FUN 营销"，就是在互联网技术的基础上，以引发粉丝

199

效应为目标，通过互动娱乐的元素或形式，将情感共鸣作为核心线索，通过 IP 化包装手段来高效传递产品信息的营销方法。

腾讯互动娱乐市场平台部副总经理戴斌曾表示："FUN 营销是腾讯互娱在自我建设不断完善的基础上，对自身商业价值、营销价值、社会价值的挖掘和释放，是泛娱乐战略的直接衍生品，也是互动营销创新的方法论。"

腾讯互娱在游戏、文学、动漫、影视、电竞等泛娱乐业务矩阵里实行自己的"FUN 营销"战略。例如，在进行动漫 IP 跨界营销时，腾讯互娱就不断延伸相关产业链，通过游戏开发、影视改编等方式努力让动漫 IP 二次乃至三次出圈，以扩大动漫 IP 的受众群体，提高动漫 IP 的影响力。与此同时，腾讯互娱还积极和各大品牌商家进行联名合作，推出各种 IP 衍生品，举办各类线上线下活动，不仅让相关合作品牌得到更大曝光，也在深挖 IP 定制内容的过程中不断吸收新粉、维持老粉，大大提高粉丝黏性。

电竞天然具有强烈的竞技属性和社交基因，不仅拥有大量的年轻受众，而且富有极高的观赏性和娱乐性。作为电竞行业的领军者，腾讯一直积极促进电竞发展，努力让电竞往职业化和规范化方向发展。一旦电竞行业变得更加规范，自然会有源源不断的品牌寻求合作，电竞跨界营销也就变得水到渠成。多品牌的跨界营销活动让 IP 的影响力覆盖更加广泛的人群和区域，也为"FUN 营销"提供了更

第七章
品牌 IP 化后的跨界衍生

加广阔的舞台和实践空间。

在实践过程中,"FUN营销"策略也通过融入更多泛娱乐内容不断进行升级,不仅拓展了更深的玩法广度,而且在内容共建上也为品牌提供了更多可能性。目前腾讯互娱已经通过"FUN营销"策略和数百个知名品牌进行了合作,上到 IT 外设、数码 3C,下到餐饮服装、金融零售,几乎全方位地从各个领域和角度进行了 IP 跨界营销的尝试与实践。

《狐妖小红娘》和美年达品牌的联名合作,就是腾讯互娱进行IP跨界营销实践的典型代表案例。在与美年达品牌的跨界合作中,腾讯动漫为美年达品牌贴身定制了番外动画,以《狐妖小红娘》的世界观来讲述美年达的品牌故事,并在腾讯动漫 APP、B 站、微博、微信等 6 个平台上线播出,获得了不少粉丝的喜爱与认可。

除了定制动画以外,腾讯互娱还策划了QQ-AR 瓶身互动、线上联合推广、线下漫展活动等一系列宣传植入,不仅准确传递了美年达"果然会玩"的品牌主张,还在赋予品牌产品新内涵和新元素的同时,让 IP 粉丝获得了更多样化的动漫 IP 体验方式,大大促进了IP和粉丝间的互动与交流,提高了IP 粉丝体验感,有利于增强粉丝的忠诚度。

随着类似IP 跨界营销实践的大获成功,腾讯动漫 IP 的商业价值也通过深度内容共创的方式得到了充分的验证。"FUN营销"已

201

经得到了越来越多品牌广告商的广泛认可，逐渐成长为一种有效的商业模式。

随着行业市场的发展，如今"FUN营销"的语境也有了一定的变化，开始从"泛娱乐"向"新文创"的方向进行战略升级。

要想从"泛娱乐"升级到"新文创"，首先要求企业更系统地关注 IP 的文化价值构建，此外，还要求创作者对塑造 IP 的方式和方法进行升级。只有将各种协作主体、文化资源以及创意形式全部联结起来，才能实现更高效的数字文化生产。

在 IP 早已成为行业普及概念的时代，"泛娱乐"相关的各个领域不再各自孤立发展。从行业的协作，到产业的逻辑，再到整个商业的生态，都必须围绕 IP 的塑造发生改变。只有将"泛娱乐"升级到"新文创"，品牌才能更好地借势 IP 能量，并利用其中的文化资源吸引年轻人，与年轻人更好地玩到一起。

第八章

四种最典范的品牌IP化方法与相关案例

品牌 IP

产品的拟人化、萌宠化 IP——米其林轮胎人、M&M 巧克力豆

如今越来越多的企业开始重视品牌 IP，但是究竟怎样才能实现品牌 IP 化发展呢？笔者介绍四种最典范的品牌 IP 化方法，首先是通过产品的拟人化和萌宠化来打造品牌 IP。

所谓产品的拟人化和萌宠化，就是先设定一个拟人化或是萌宠化的 IP 形象，然后将这个 IP 形象与产品特质紧密结合起来，直接最大化地从视觉上增强品牌印象，以提升产品的魅力。这种方法可以拉近品牌与用户之间的距离，让用户因为拟人化和萌宠化的 IP 形象对品牌产生亲近感，也有利于品牌的推广与宣传。

通过产品的拟人化和萌宠化来打造品牌 IP 的案例有许多，最著名的莫过于米其林轮胎人和 M&M 巧克力豆，这两者都是品牌 IP 化的典范。

米其林轮胎人的灵感来源于一次偶然见闻。1894 年，米其林创始人之一爱德华前往里昂，参加当时举办的万国博览会。在万国博览会上，爱德华忽然在展台入口处发现了一堆散乱的轮胎，这些轮

胎大小不同、直径不一，但是胡乱堆积起来的形状竟然意外地和人体外观十分相似。见状，爱德华忽然突发奇想，要是能给这堆轮胎加上手臂和腿脚，岂不就是一个活生生的轮胎人？于是他请来画家欧家洛，让欧家洛帮忙按照那堆轮胎的样子创造出了一个由许多轮胎组合而成的特别"人物"，也就是所谓的轮胎人。

从1898年开始，米其林轮胎人开始以品牌代言人，出现在各大宣传广告上。这个奇特的形象很快引发轰动，吸引了众多注意和讨论，大大增加了米其林品牌的知名度。

据了解，当时的宣传海报上还有一句知名的广告语"Nunc Est Bibendum"，意思是"现在是举杯的时刻"。这句广告语源于古罗马诗人贺拉斯的一句颂歌，意味着米其林轮胎可以征服一切障碍，而米其林轮胎人的名字"Bibendum"也来自这句话。

历经上百年的发展，米其林成长为世界知名的轮胎品牌，而米其林轮胎人也随之成为世界上最著名的品牌IP化形象之一。其实在漫长的发展过程中，米其林轮胎人的形象也因时代的变化而有所调整。别看现在的米其林轮胎人一副憨态可掬的模样，其实在一百多年以前，最早期的米其林轮胎人远没有这么可爱。

比起现在的大白胖子，当时的米其林轮胎人更像一个僵硬的木乃伊，皮肤颜色比较暗沉，形象远远不如现在生动，甚至还因为身上的轮胎圈数过多，看起来有点阴森恐怖。

到了1926年，米其林轮胎人的外观形象开始有了较大的转变，不仅身上的皮肤变白了，身体上的轮胎圈数也减少了，整体看起来有了很大改观。1956年，米其林公司继续不断在米其林轮胎人的四肢和轮胎上进行各种细节调整，并刊出了许多经典造型，在各大海报、画报、电影宣传册进行宣传推广。

米其林公司官方发言人曾经表示，米其林公司将持续对米其林轮胎人这一品牌标识进行调整规划，逐渐将它从现在的一种标识演变为两种标识，然后将其中一个用于集团品牌，另一个则用作米其林商标。总之，米其林轮胎人不仅是一个成功的广告案例，更是一个经典的商业策划。

除了米其林轮胎人以外，M&M巧克力豆小公仔也是一个典型的IP化产品创新案例。

1954年，M&M巧克力豆小公仔首次出现在美国的电视广告上。这些以巧克力豆为主躯干，不仅神色各异，还戴着帽子、穿着鞋子的可爱小公仔一经问世，便迅速人气大增，受到众多消费者的青睐和喜爱。

此后，随着M&M巧克力豆不断推出新的颜色和口味，M&M巧克力豆小公仔的角色形象也不断更新。1996年，以M&M巧克力豆小公仔为主角的电视广告被《今日美国》评为第一，而M&M巧克力豆小公仔们也因此走红，一举成为美国家喻户晓的明星级人物，广受欢迎。

M&M巧克力豆小公仔的IP设计也很与时俱进。1997年，M&M巧克力豆小公仔系列推出了女性角色的绿M，还特地为绿M出了自己的专属传记《我绝不为任何人融化》。传记播出后，绿M名声大振，很快地位就与其他男性角色平起平坐。

M&M巧克力豆小公仔的魅力可以跨越地区和种族，在全球的IP明星中都能排上名号，甚至还在美国、日本等多个地区开设了专门的衍生品商店，人气可见一斑。

M&M巧克力豆小公仔是以M&M巧克力豆产品为原型创造出来的，随着这些可爱的拟人化小精灵的爆火，M&M巧克力豆产品也大为畅销。喜爱M&M巧克力豆小公仔的人们将自己对小公仔的喜欢移情到巧克力豆产品上，自然而然地就形成了对于品牌产品的喜爱。这种转换过程极为直接，不是先品牌后产品，而是直接就产品产生好感，然后再自然形成品牌好感，因此对产品销量有着极为明显的助力。

从M&M巧克力豆小公仔的IP设计案例中，我们可以总结出IP产品创新的三个主要步骤：

①对产品重新定义，将其转化为情感化IP形象；

②将使用产品的情景转化为和IP形象互动的场景，例如将吃巧克力豆变成和小公仔逗趣的情景；

③尽可能将IP形象设计得可爱，同时通过各种内容化营销手段进行宣传和推广。

◆ 创始人或核心员工的个人IP——乔布斯之于苹果、雷军之于小米、董明珠之于格力

通过品牌创始人或核心员工创立个人IP，也是实现品牌IP化发展的典范方法之一。企业可以将创始人或核心员工的个人精神注入品牌之中，凭借创始人或核心员工的个人化IP产生巨大号召力，乔布斯、雷军、董明珠等知名企业家都是个人化IP的经典案例。

所谓个人IP，就是个人品牌，这个个人品牌代表了这个人在某个领域的权威和专业，意味着他们在该领域拥有超越常人的价值，因此可以快速得到用户认可，让用户建立起对于品牌的信任感。

在一段时间之后，个人IP会逐步转化为一种符号，这个符号直接联结着企业价值。就像一提起小米，就想到雷军，一提起格力，就想到董明珠一样。个人化IP将品牌创始人或核心员工与品牌绑定，将其所有的人格魅力赋予品牌，让品牌充满个性。

以苹果创始人乔布斯为例，如果说个人化IP有等级，乔布斯无

第八章
四种最典范的品牌 IP 化方法与相关案例

疑是站在最顶端的个人 IP 之一。乔布斯有着极强的人格魅力：他追求完美、讲究细节，甚至常常对产品开发的要求高到苛刻的地步；他重视用户体验，同时又有着极为强大的控制欲，常常将改变世界的梦想挂在嘴边；他暴躁易怒、一意孤行，但又有着强大的说服力，因此始终围绕着扭曲的现实立场，让人情不自禁地狂热追随……

这些独特的人格特征既成就了苹果追求创新和科技的品牌人格，又赋予了苹果让用户迷恋的品牌气息。而随着苹果品牌的延续和发展，乔布斯的人格魅力也在苹果的品牌文化中永存不朽。从某种角度来说，乔布斯和苹果相辅相成，互相强化，分别成就了伟大的个人 IP 和企业品牌。

在大众心理，长期存在着一种误解，认为品牌创始人就应该站在品牌背后默默付出，这其实是一种偏见。在同质化竞争明显的时代，酒香也怕巷子深。品牌创始人形象作为企业形象的一部分，应该得到重视和宣传。如果能够塑造出色的品牌创始人形象，打造富有吸引力的个人 IP，不仅可以大大提升品牌的知名度和深度，还能让创始人的个人 IP 成为品牌最大的金字招牌。

在互联网时代，商业竞争本质上就是 IP 的竞争。如果品牌创始人的 IP 可以运营得当，不仅能将品牌创始人的个人价值转化成企业品牌价值，还能让得到发展的企业品牌价值反哺个人价值。

成功的个人 IP 意味着更低的认知成本、更好的信用指数、更高

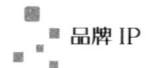

的溢价输出以及更多的话语权。拥有个人IP的品牌更容易让人们率先完成认知过程，也更容易获取别人的信任，不仅可以大大节省品牌推广成本，还能将同样的产品和服务卖得更贵，以获取更多的利润。如果没有个人IP，他人了解你的时候就要花费更多的时间和精力，不仅难以获取他人的信任，也没有话语权。

此外，个人IP还可以进行商业变现，也就是所谓的粉丝经济。通过个人IP，我们可以将个人的特质放大，让其在公众面前得到标识，然后利用粉丝的拥护将个人影响力置换成商业利润的某种无形资产。

需要注意的是，个人IP并非名人的专属。固然，那些拥有丰富人生经历的知名人士更容易打造个人IP，但对更多较为普通的个体而言，也是可以进行个人IP营造的，区别只在于个人IP能够达到的高低上限不同而已。

要想营造个人IP，企业可以从以下几个方面入手：

1. 个人IP定位

所谓个人IP定位，是指人设的制定，换句话说，就是个人在大众视野下准备展现出什么样的标签。

有些人认为定位就是在给"自我设限"，会把自己困在一个固定的人设中难以自拔，万一日后改做其他领域，又要重新定位、从头再来，这种理解无疑是一种错误的认知，在进行个人IP定位时，我

第八章
四种最典范的品牌 IP 化方法与相关案例

们只是对自己当下所处的阶段和状态、所从事的职位和行业进行一个初步估计,随着不断进行内容输出,我们也会在自我成长中不断修正和拔高自己的个人 IP 定位。

在个人 IP 定位中,主要包括以下三种定位标签:

(1)以兴趣为主的定位标签

在进行个人 IP 定位时,可以结合自己的专业、特长抑或爱好来进行选择,这将决定你的个人品牌的未来发展方向,因此必须谨慎考虑。

定位的本质是给自己贴"个人标签","个人标签"可以体现你的行业及在行业的段位状态。定位越清晰,与你合作的人就越精准。例如,如果你喜欢美妆,就可以将自己定位成一个美妆博主,通过各大平台进行与美妆相关内容的输出,以吸引粉丝关注。

(2)以身份为主的定位标签

目前在各大平台,我们会看到不少以身份为主的定位标签。许多博主认证加 V,通过主页名片来认证自己的职业,这就是所谓的以身份为主的定位标签。

例如,今日头条的李奇斌,认证的身份就是"中国烹饪大师、中国饭店协会青年名厨委主席",而海外美食专栏作家冰倩,认证的身份则是"美食专栏作家"。这种身份认证可以增强个人的权威性和专业性,容易获得粉丝信任。

（3）以领域为主的定位标签

比起个人IP，以领域为主的定位标签更适合运营自媒体。

留几手、老司机、趣味搞笑、旅行厨男、刘半仙解说等微博综艺大V，就是典型的自媒体博主。他们专注于某个领域，通过某个大号在该领域做起来以后再进行商业化变现，这是不少早期自媒体人的首选。不过现在也有许多自媒体以自己的名字直接给账号命名，以彰显自己的个性。

2. 取名

取名是非常重要的环节，重点要素在于简单、好记、特别和领域。

要注意的是，一旦开始打造IP，基本就不会再改名了，否则就容易损失之前所积累的粉丝和影响力。因此品牌IP在取名的时候，一定要确保以上重点要素都具备。

3. 特定符号

所谓特定符号，是指让别人一看到就自然联想到你的事物，这个符号可以是一个头像，可以是一句口头禅，还可以是一个个性签名，甚至是一顶帽子，只要足够有辨识度就好。

4. 打造朋友圈

这里的"朋友圈"不限平台，而是要求你通过各个渠道进行引流，然后对粉丝持续输出内容，以强化个人标签。

好的朋友圈不仅能够展示你的权威性和专业度，获取别人的信任，更能丰富个人 IP 形象，让其变得更加立体。

5.引流

如今引流的方式有很多，无论是在知乎、头条、大鱼等自媒体平台，还是快手、抖音等短视频软件，都可以运营账号，进行引流。

需要注意的是，要想获得好的引流效果，就必须坚持内容输出。只有坚持一定的时间、输出了一定的内容量，才能吸引忠实粉丝。这些忠实粉丝必定是你 IP 定位直接面向的精准客户，因此你要通过不断的内容输出来加固自己的标签，以维持粉丝。

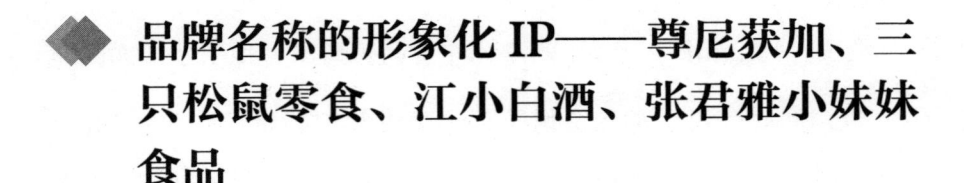

◆ 品牌名称的形象化 IP——尊尼获加、三只松鼠零食、江小白酒、张君雅小妹妹食品

企业也可以通过品牌名称的形象化 IP 来实现品牌 IP 化发展，形象化的品牌名称不仅便于识别和记忆，更有利于传播和营销，便于打造高度一体的 IP 化品牌。

笔者以尊尼获加、三只松鼠零食、江小白酒、张君雅小妹妹食品四个经典案例,来具体解析一下如何通过品牌名称形象化打造品牌IP。

1. 尊尼获加

1908年,著名插图画家汤姆·布朗以创始人Johnnie Walker为原型,替威士忌酒尊尼获加创作了一个人物形象。画像上的人物穿着及膝长裤和红色外套、戴着眼镜和帽子、拿着手杖,做出一副正在向前行走的姿态。

对于这个"行走的绅士"而言,"手"不仅是用于拿绅士手杖的手,更象征着勾兑威士忌的手,"脚"不仅是行走着的脚,更意味着不断前进、永不放弃的品牌精神,代表着尊尼获加对于高品质的极致追求。

很快,Johnnie Walker就以此作为品牌形象,推出了一系列宣传广告,同时启用了那句沿用了近一个世纪的传奇广告语:"born 1820—still going strong"。"行走的绅士"是第一批全球公认的广告肖像之一,此后随着时代的变迁,经过了数次修改。到了21世纪,尊尼获加将原来品牌形象中清楚的人像变成一个抽象形体,以便品牌国际化。

为了配合品牌形象的升级,尊尼获加将自己的广告语更新为后来被广为传颂的"Keep Walking"。尊尼获加的IP形象彰显了品牌背后不断前进的品牌精神,也因此成为最著名的品牌人格化IP

之一。

2.三只松鼠零食

说起品牌的 IP 化和人格化，三只松鼠无疑是众多品牌中的佼佼者。作为电商潮起时第一代淘品牌，三只松鼠通过独特的品牌 IP 化、人格化运营，在坚果这一领域不断深耕，成功打造出家喻户晓的互联网零食品牌。

自然界中最喜欢吃坚果的动物就是松鼠，"三只松鼠"的品牌名称不仅借用松鼠这一形象将品牌与坚果密切联系起来，让人产生联想，还通过"三只"这个奇怪的量词前缀，给品牌增加了不少趣味性和互动性，便于辨识与记忆。

三只松鼠的品牌 LOGO 是三只萌版小松鼠，而这三只松鼠的主要任务就是"卖萌"。在进行品牌 IP 化和人格化过程中，三只松鼠将品牌形象具化为三个喜欢卖萌的小松鼠：

鼠小贱，主要代表坚果类产品，喜欢唱歌、街舞和混搭风，吃得了美食，也吃得了苦，耍得了贱，也做得了研究。

鼠小美，主要代表花茶类产品，喜欢甜食，温柔娴静、美丽大方。

鼠小酷，拥有知性气息的新一代男神，带给你知性问候和贴心关怀的暖男。

三只松鼠的 IP 天然具有娱乐属性，品牌充分发挥了这一天然的优势，近年来一直致力于打通动漫全产业的链路。除了以三只松鼠为主角的动画片外,三只松鼠延伸了大量的相关产业,开发手机游戏,贩卖周边产品。通过给消费者提供更多具有延伸性的体验,以增加品牌与消费者间的互动与交流,提高消费者对品牌的喜爱与信赖。

3.江小白酒

作为白酒市场上的一匹黑马,江小白在包装瓶上大做文章,通过互动式的文案,以独树一帜的文艺清新风格在市场上闯出了自己的一片天地。

"走过一些弯路,也好过原地踏步。"

"我在杯子里看见你的容颜,却已是匆匆那年。"

"愿十年后我还给你倒酒,愿十年后我们还是老友。"

……

极具沟通力和感染力的品牌文案,让江小白轻而易举地引发了年轻消费群体的共鸣。当年轻人情不自禁地传颂这些经典文案时,也在不自觉间给江小白做了二次传播,在制造话题、形成品牌效应的同时,也成功建立起"文艺青年江小白"的IP形象人设。

"江边酿造,小曲白酒",江小白的名称由此而来。其实"小白"本来是菜鸟、新手的意思,但对江小白而言,这两个字代表着简单、绿色、环保、低碳生活的价值观,这种价值观鼓励都市年轻人追求简单纯粹的日常生活,标榜"我就是我"的个性理念。

江小白品牌创始人陶石泉在为产品起名的时候,碰巧影视青春偶

第八章
四种最典范的品牌IP化方法与相关案例

像剧《男人帮》热播，剧中害羞的文艺男主叫作"顾小白"，同时段还有另一部电视剧《将军》，其中的主人公名为"虞小白"。这两个极为相似的人名给了陶石泉灵感，他将自己创立的全新品牌命名为"江小白"，不仅简单通俗，而且具有高辨识度，一听就能记住。

江小白的品牌包装十分简约，只有一个简单的动漫形象LOGO，再配上语录，这和"我是江小白，生活很简单"品牌理念高度契合。这个动漫形象LOGO是陶石泉本人亲手设计的——一个戴着无镜片黑框眼镜、系着英伦风格子围巾、穿着休闲西装外套的大众脸男生。

在后续的社会化营销中，团队不断赋予这个卡通形象鲜明个性：时尚、简单、我行我素，善于卖萌、自嘲，却有着一颗文艺的心，这个IP形象个性十分符合江小白最初针对"80后"和"90后"受众的青春小酒定位。不过随着江小白品牌的持续发展，现在已经有越来越多的中年人开始接受江小白酒。每次看到那个拥有大众脸的卡通形象，他们就仿佛看到了自己。

4.张君雅小妹妹食品

张君雅小妹妹食品也是品牌名称形象化IP的典型代表。作为台湾的知名零食品牌，张君雅小妹妹主营零食面、点心面等产品。当年为了推出这个品牌，维力集团特地设计了一个爆炸头女孩的卡通形象，并且拍摄了广告大片配合宣传。

张君雅小妹妹的形象标志就是黑色爆炸头和红色蝴蝶结发卡，

217

那弯曲的头发和其主营的零食面、点心面等食品特征极其相似。除此以外，张君雅还穿着台湾小学生的制服，脚踏红色一字拖式木屐。在后续品牌运营中，维力集团也丰富了不少张君雅的人设，例如小学三年级女生、爱哭鬼、喜欢暴走等，这一系列形象塑造都使得张君雅的形象越来越深入人心。

收购成名IP为品牌形象代言——菲都狄都之于七喜汽水、迪士尼的自创+收购

1. 菲都狄

通过收购成名为品牌形象代言，也不失为品牌IP化发展的典范方法之一。这种方法可以利用现成的人气IP为品牌助力，七喜汽水收购菲都狄都，就是一个经典案例。

不少人可能没有听说过菲都狄都，但肯定很熟悉下面这个标志。没错，那个有着面条发型的简笔画小人，就是七喜汽水的IP形象代言人。

菲都狄都最早诞生于纽约一家餐馆的餐巾纸上，当时美国青少年正流行朋克头，乔安娜·费容在为餐厅设计餐巾时，灵感乍现，用十五条线创造出了这个由纯线条组成的卡通小子。

第八章
四种最典范的品牌 IP 化方法与相关案例

19世纪80年代，百事公司收购了菲都狄都的版权，并将它作为七喜汽水的品牌形象代言人。起初菲都狄都的形象并没有被广泛应用，直到19世纪90年代开始进行大范围宣传。进入21世纪后，菲都狄都因其独特的行为、语言和个性广受欢迎，就此风靡全球。

菲都狄都不仅仅是一个品牌形象，更是一个真正独立的IP，不仅出版了自己的漫画书、小动画、衍生品，还经常参加各种艺术活动。他以永远年轻的形象、自由桀骜的性格和独一无二的价值观念，形成了自己的IP文化。

2. 迪士尼

除了菲都狄都外，迪士尼的自创＋收购也是值得细说的经典案例。

作为老牌娱乐公司，迪士尼手握海量IP，在这个"得IP者得天下"的市场上斩获了巨大的能量和商业价值。从历年的财务报表数据中不难看出，迪士尼公司的主要利润源于其精心营造的整个文化产业链，而IP在这条文化产业链中起到了绝对的推动作用。

迪士尼的商业模式是典型的轮次收入：首先通过制作、发行和拷贝赚取第一轮收入，然后通过主题公园进行第二轮创收，最后通过品牌授权和连锁经营获得第三轮收入。虽然处于最末端的环节，但迪士尼凭借这种线上线下的综合调整，总能榨取最大化的IP价值。

迪士尼素来有"IP制造工厂"之称，它在制造IP的时候，完成了从设计IP、打造IP再到输出IP的全过程。每个不同的IP形象都

是联结消费者梦想的支撑点,这样的支撑点越多,迪士尼的根基就越稳固。总体而言,迪士尼的IP来源主要分为以下三个部分:

(1)自有IP

自1923年,华特·迪士尼在自家车库创造出迪士尼家族的首个IP米老鼠后,迪士尼这个IP制造工厂就从未停歇,接连推出了包括唐老鸭、高飞、小熊维尼等一系列迪士尼自有卡通人物形象。

(2)挖掘IP

想要创造IP,苦于没有灵感,怎么办?一个字,挖!

迪士尼十分擅长学习和挖掘资源,从世界经典名著,到各国童话民谣,以至于历史故事、神话传说,都能成为迪士尼的素材库。迪士尼从这些公用资源中不断寻找出具备迪士尼属性人物进行IP形象创作,白雪公主和花木兰就是它通过挖掘资源创造出来的IP代表。

(3)收购IP

比起原创和开发,有时通过收购的手段可以更加快速地扩充迪士尼IP家族。

这方面的典型案例当数迪士尼公司对于皮克斯影业、漫威漫画、卢卡斯影业三家电影公司收购,这三家公司都是著名的IP大户,尤其是带有乔布斯色彩的皮克斯影业,作为动漫制作公司,曾相继推出过《赛车总动员》《机器人总动员》《冰雪奇缘》等多部经典影片。在被迪士尼收购之后,这些IP形象也都成了迪士尼乐园中

第八章
四种最典范的品牌 IP 化方法与相关案例

的明星。

此外,漫威漫画也是享誉全球的 IP 制造器,坐拥蜘蛛侠、钢铁侠、雷神、美国队长、绿巨人浩克等八千多个 IP,人气颇高,但最终还是被财大气粗的迪士尼公司成功拿下。

2012 年,迪士尼收购卢卡斯,顺利继承了"星战"这个超级 IP 所有权和散落在全世界的星战迷,令人叹为观止。

除了创造 IP 外,迪士尼也十分擅长将 IP 根植于有趣的故事背景,通过 IP 转化的场景吸引消费者注意,拉近与消费者之间的距离,而这个用来转化 IP 的场景正是大名鼎鼎的迪士尼乐园。迪士尼乐园不仅能为迪士尼公司创收,更是帮助消费者与品牌建立强关系的理想场所。此外,从某种角度而言,迪士尼乐园本身就是类似大 IP 的存在。

迪斯尼创始人华特·迪士尼曾经表示:"只要整个世界仍存幻想,迪士尼乐园将永远延续继续下去。"在美国,迪士尼乐园已经成为许多家庭的年度打卡首选。去迪士尼乐园,游客可以在各个故事场景与各个 IP 人物进行零距离互动和接触。迪士尼的低接触成本以及鲜明的 IP 形象,不仅能够满足各个年龄段人的需求,也可以让所有人都在这找到现实与梦想的联结点。作为迪士尼 IP 产业链的流通点,迪士尼乐园能够放大 IP 的价值,强化消费者与品牌之间的联结。

在迪士尼乐园,穿着公主裙打卡的女孩比比皆是。2014 年《冰雪奇缘》上映，同年迪士尼光靠人物玩偶就在美国营收2600万美元，而安娜和艾莎所穿的"公主裙"更是卖出了高达4亿美元的销售额。要知道，《冰雪奇缘》北美票房也不过4亿多美元，由此可见迪士尼IP变现的殿堂级能力。

迪士尼公司的营收大部分来自IP价值收入，主要归纳为以下三种方式：

（1）迪士尼乐园收入

迪士尼乐园是迪士尼公司的重要变现场景，有关数据统计，迪士尼乐园收入的60%来自衍生品的消费，此外，餐饮服务也是迪士尼的重要收入来源之一。在迪士尼乐园，礼品商店随处可见，与这些衍生产业相比，门票收入反而显得没那么重要。

（2）品牌授权

迪士尼衍生品的产业链很长，大到影视、乐园、出版物，小到服饰、玩具、日用品，各厂产业都能看到迪士尼联名的身影。

据了解，迪士尼在全球合作的授权商达3000多家，生产10余万种迪士尼卡通形象产品。每年9、10月，迪士尼都会召开授权大会，宣布未来一年的电影上映计划，寻找合作商。

（3）自营渠道

自营店是迪士尼周边的主要销售渠道。

2015年，中国首家迪士尼旗舰店在上海浦东陆家嘴正式营业。

这是全球最大的迪士尼旗舰店，占地面积约5000平方米。两年以后，中国第二家迪士尼店在上海兴业太古汇正式开业。

据了解，中国是迪士尼除美国本土外最大的投资市场，而迪士尼选择的主要开发地域就是上海。目前，上海已经拥有一个迪士尼乐园、两家迪士尼商店，对迪士尼而言，似乎更有意完全开发出上海及其周边的市场价值。

参考文献

[1] 吴声.超级IP[M].北京：中信出版社，2016.

[2] 安妮塔·埃尔伯斯，杨雨.爆款：如何打造超级IP[J].出版人，2016，3（236）：68-69.

[3] 秦阳，秋叶.如何打造超级IP[M].北京：机械工业出版社，2016.

[4] 袁国宝，黄博，刘力硕.超级IP运营攻略[M].北京：人民邮电出版社，2018.

[5] 苏冶.三只松鼠：互联网品牌IP化与人格化[J].商界：评论，（9）：6.

[6] 林海，磨盘.漫威小宇宙IP经营之道[J].品质.文化，2019（6）：38-41.

[7] 马岳，陈红霞.从褚橙的成功谈品牌营销策略[J].商场现代化，2015（7）：72.

[8] 陈清云.品牌IP化的坑，你踩了几个[J].企业观察家，2019，94（07）：110-111.

［9］王文杰，张大鲁.包装设计中的IP形象设计方法思考[J].湖南包装，36（1）：3.

［10］吴声.场景革命[J].中国经济信息，2015，18（11）：9-9.

［11］刘源隆.泡泡玛特的潮流玩具帝国[J].小康·财智，2018（8）：60-62.

［12］宋慧慧.走进亿滋中国 探寻包装创新之源[J].印刷技术，2019（5）：9-10.

［13］戴莉娟.玩转IP，打造华美奥利奥故宫[J].现代广告，2019（10）：46-47.

［14］触乐网.FUN营销，腾讯互娱的跨界经[J].计算机应用文摘，2018（18）：3.

［15］Danny，磨盘.超级IP迪士尼为何长盛不衰——美国娱乐集团迪士尼的品牌经营之路[J].品质，2017（8）：25-27.

后 记

全书洋洋洒洒十万言，也不过讲了个皮毛，历史发展的走向如何，经济模式会有什么样的改变，品牌IP在文化渗透力的基础上渐行渐远，会有什么样的峰值和低谷也是一个未知数，更为重要的是，放眼全球，大放异彩的品牌IP多产自欧美日韩，中国璀璨夺目的五千年文化沉淀，怎样才能以更快的速度走向世界，创造更多的中国制造和华夏IP，是值得我们深思的问题。

虽然IP模式的出现已经近百年，但是中国的IP行业是在2000年才正式起步的，2015年IP概念爆火之后，才越来越引起重视。在IP时代，品牌IP化将成为不可逆的潮流趋势。对于现在的品牌来说，谁能早一步完成IP化，谁就有机会拔得头筹、实现成功。

本书涉及的除了一些有关IP化的基本概念外，还有许多品牌IP化的经典案例。在本书写作过程中，感谢国内的IP企业和相关机构协助提供大量的专业数据，也感谢行业前辈提供的建议，正是因为你们的支持和帮助，本书才最终得以面世。

IP化是一个长期积累的过程，虽然目前国内的IP产业仍然有许多不成熟之处，但相信通过行业人才们的共同努力，必能开拓出更加完善的产业体系。希望以后能和更多的同行工作者一起努力，继续探索国内品牌及产业的IP化之路；也希望本书能为初入IP行业的兄弟姐妹们提供一些参考与帮助。

马克思说，静止是相对的，运动是绝对的。毛泽东说，坐地日行八万里，巡天遥看一千河。斗转星移，沧海桑田，也许不远的将来，文化力喷薄而出，会诞生新的文化概念，以更快的速度推动全领域的经济发展，但放眼现在，品牌IP仍是不可替代，正当壮年的经济助燃剂。